韮山塾日記

発刊の辞

郷土の歴史を開明し、貴重な文化遺産を継承して次代の者たちに受けついでもらう。これが文化の進展にとって重要なものであることはいうまでもない。ここで地方の旧家に遺されている古文書古記録の類が重要な価値をもって浮かびあがってくる。我々が郷土の歴史を考える場合にこれらを忘れることは絶対にできないのであり、旧家の土蔵の中で眠っている古文書類にもっと注目しなければならない。この立場から当町は先に「狩野川治水史料（明治編）」一巻を世に送ったが、この度続いて当町文化財専門委員石井岩夫氏（韮山高教諭）の御労作の結晶である「高島流砲術史料韮山塾日記」を刊行するはこびとなった。郷土の英傑江川英竜が日本の国防充実という立場から、諸藩の侍に砲術を教えた韮山塾の日記である。幕末という困難な時期に、当時名もなき地方の青年武士たちが、この韮山で如何に考え如何に行動したか、ということを思いながら読むだけでも興味あることであり、更に一般の幕末史料としても何等かの価値が発見されるなら、当町関係者として望外の喜びである。多くの方々の御講読を願って発刊の辞としたい。

昭和四十四年十月

韮山町長

松下友平

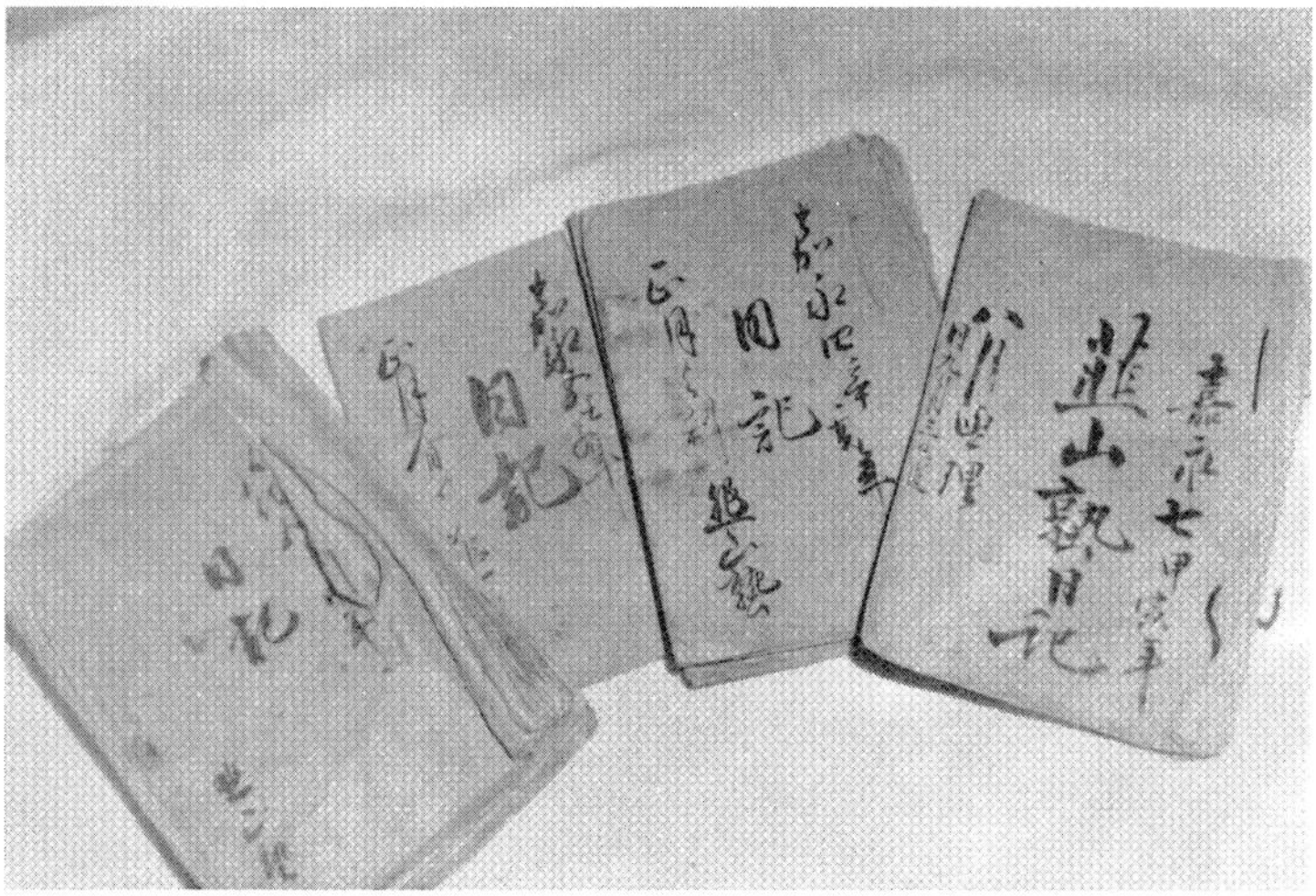

菲　山　塾　日　記

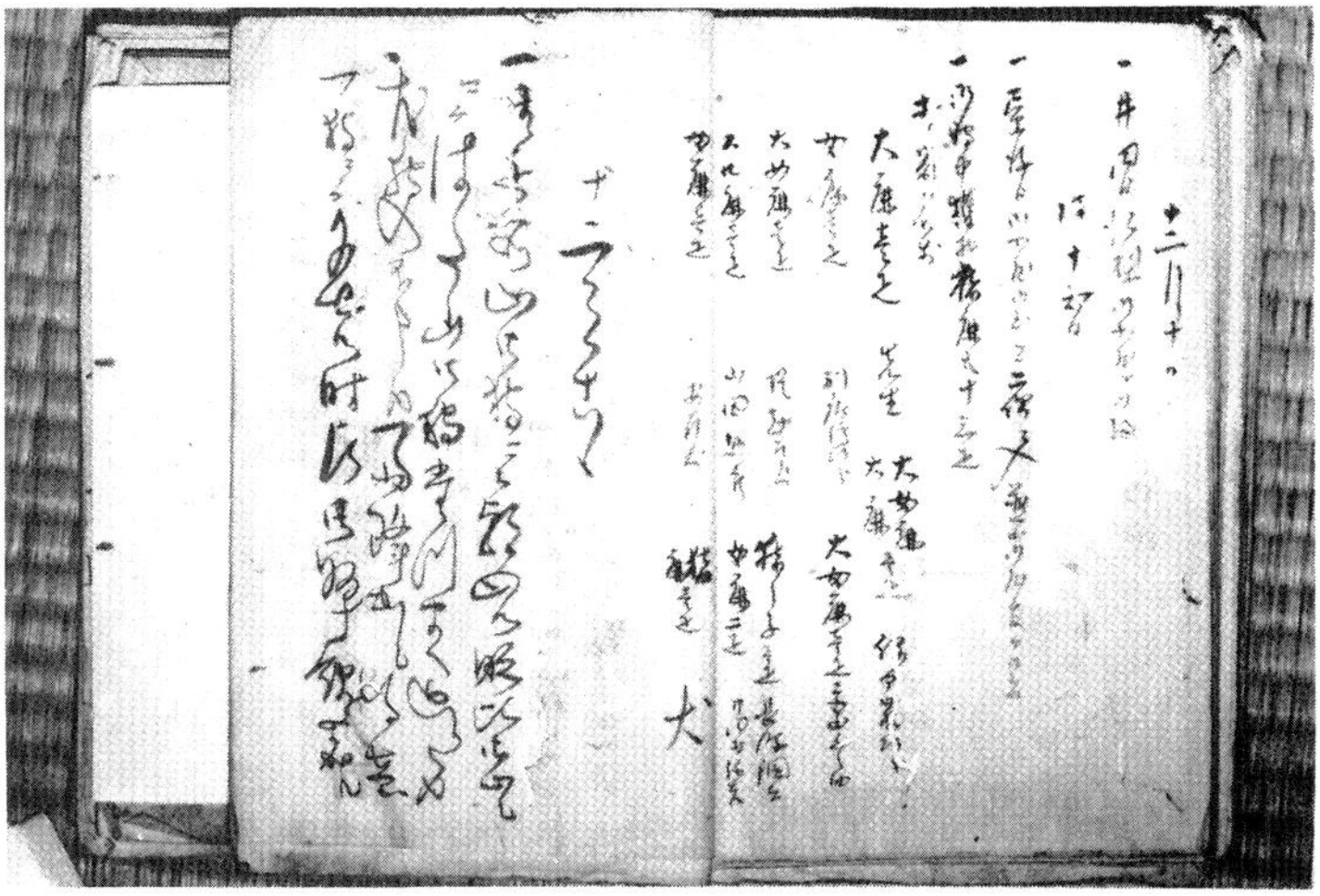

異る筆跡の一例（嘉永二年）

目次

（題字は嘉永七年日記表紙より）

凡　例

一、本書は韮山塾日記、関連史料の忠実な再現を試みたが、活字印行にあたり次の方法をとった。

一、表記は古文書活字化の場合の一般的表記法に従ったが、尚次の点に留意されたい。

一、漢字は現行漢字を使用した。

一、平出、闕字は次の一字をあけた。

一、「二而」「江」は原文に従い細字にしたが、文中、本文と同じ大きさに書いてある場合は、本文活字と同じにした。但しその例は少い。

一、明らかな誤字は改めたが、同一地名、人名、のさまざまな書き方は原文のまゝとし、必要な場合は（　）内に注記した。但し「峯次郎」は「峰次郎」に統一した。

一、日記書き出しは一、のように「、」をつけた。

一、（　）内はすべて編者の注記説明である。

一、句読点は編者が適宜つけたが、最少限にとどめた。

一、本書は本来江川英龍の砲術関係史料として未見の「韮山塾日記」を中心としたが、他に高島流砲術御用留三冊、関係文書記録、各種砲術書（以上江川文庫）も無視できず、むしろそれ等と表裏一体をなすものである。御用留は坦庵全集にその一部が収められているが、本書でも全集未収の若干を収録した。

はじめに

韮山塾日記の存在を知ったのは一昨四十二年の暮であった。当時韮山町郷土史料館で江川英龍関係の展示を計画しており、早速小川家に参上、日記の他各種記録を見せて戴いたのである。中心となる史料はやはり日記であるが、それにより、従来知られなかった韮山塾の存在を確認できたのは、予期しない収穫であった。

その後公務の余暇に日記を読み、江川文庫の関連史料を読むに随い興味を覚え、出版しようと思ったが果して出版の意味があるかどうか自信がなかったのだが、たま〳〵文部省史料館の鎌田さんが来豆の折その旨を話した所、おもしろいだろうとの言葉に力を得て、本格的に取り組んだのが四月上旬、日記原稿が脱稿したのは五月下旬であった。その後関連史料の選択、解説に予想外の日数を要し、ようやく完成出版の日に恵まれた。みるとおりさゝやかな小冊子であるが、いうまでもなく私一人の力で出来たものではない。

第一に史料の閲覧、印行を快諾された小川家、江川家の御好意に深い謝意を表したい。又史料の解読については、文部省史料館の原島陽一さん、大野瑞男さん、鎌田永吉さん、修善寺町の相原隆三さんの御援助を戴いた。特に原島さんには御多忙の折懇切な御指導を戴いたことを明記したい。更に本書の出版については韮山町より経済的な御援助を戴いた。愚鈍な私にこの仕事ができたのは、すべて右諸賢のおかげである。

昭和四十四年十月

石井岩夫

〔解　説〕

韮山塾の発見

── 塾日記を中心として ──

石井岩夫

はじめに

幕末の伊豆韮山代官江川英龍が、高島流砲術家としてその教授を行ったことは著名であるが、その実態は必ずしも正しく伝えられていない。河出書房日本歴史大辞典、江川英龍の項にも「江戸で之を教授した」とあるが、江戸芝新銭座に砲術習練場ができたのは安政二年、英龍の歿後、嗣子江川英敏の時であり(1)、それ以前英龍が江戸で砲術教授を行ったことについては、後述のように短期間断続的で、大部分は韮山において砲術教授が行われているのである。幸い筆者が最近閲読することを得た「韮山塾日記」により、是に「韮山塾」の存在を報告したいと思う。結論を先にいうなら、韮山塾は「韮山において、江川英龍が、天保十三年九月より、嘉永七年まで、他藩の者に対して行った砲術教授の機関である」。以下日記を中心として、その概略を紹介したいと思う。

韮山塾日記について

韮山塾日記。弘化五年（嘉永元年）より嘉永七年まで七冊、弘化五年六二丁、嘉永二年五〇丁、三年九一丁、四年三二丁、五年四三丁、六年十六丁、七年十二丁。その中、嘉永四年四月十六日より八月十三日まで、嘉永六年九月七日より嘉永七年八月七日までの記録欠如、七年は八月八日より九月三日までの記録を残している。これは、幕末多端の折、江川英龍出府の時期に、砲術教授不可能の故に、塾が一時閉鎖されているのである。

日記の現蔵者は修善寺町加殿、小川信春氏。小川家にこの日記の伝えられた理由を考えると、現当主信春氏より三代前、小川信澄の兄、小川実蔵成信（文化三年生）が嘉永年間江川英龍に仕え（成信の名は、英龍より賜ったもので、小川家にその「書付」が現存している）大小砲製造方を勤めたので（小川家系譜）何らかの形で韮山塾に関係しており、幕府瓦解の際、江川家にとっては代官本来の仕事ではない韮山塾関係の記録が、その故にこそ軽く扱われ、小川家に残ったのではないかと思う。

同家には日記の外塾関係の各種記録が二十点近く保存されている。

日記の筆者は筆跡により明らかに数人である。「塾は拙者一人」の表現があり、英龍不在の為塾を一時閉鎖する際、塾生でなければ書けない点を詳細書き遺している点よりして、他藩の侍である塾生が交互に書いたものである。即ち塾生が自分達の生活見聞を内部から記録したもので、砲術稽古については勿論、塾生の動き、江川家における立場、英龍との関係、英龍の行動、幕末における地方の世情等、さまざまの興味深いものを持っている。もっとも毎日の記録ではなく、特殊な事実につき何日分かをまとめて書いた部分が随所にある。

英龍と高島流砲術

この事については既に各種著作があるが順序として附言しておく。

天文十二年鉄砲が種子島に伝えられた後、鉄砲の名人がいたるところに出て、それに従い各種砲術が発生し幕末には幾十の流派があったといわれている。天保年間、西洋砲術を取入れて高島秋帆が創始した高島流砲術は、当時の新式砲術で、秋帆が長崎町年寄の地位にあった故か、まず西国諸藩諸家に採用され、肥後藩、佐賀藩、薩摩藩、田原藩、岩国藩、その他に普及した。当時幕府は伝統的な田付流、外記流の砲術を幕府御用としており、長崎と関東との距離的な理由よりしても、高島流は関東へは簡単に進出できなかった。

ところが天保十年中国で阿片戦争が起り、その情報が蘭船を通して長崎に伝わるという情勢の中で、秋帆はいわゆる「天保上書」を長崎奉行に提出した。わが国の兵制改革の原動力となったといわれるこの意見書は、時の閣老水野越前守の採用するところとなり、天保十二年五月、幕府は武州徳丸ケ原において高島流砲術の調練を行わせることになった。この調練は幕閣に非常な好評を与え、幕府は旗本下曽根金三郎に、次で江川英龍に之を学ばせた。その後天保十三年秋帆は讒訴により囚われの身となり、嘉永六年まで約十年の間幽囚の身をかこつことになるので、関東における高島流砲術は、右の下曽根、江川二人の手により普及するのである。

幕府は、はじめ高島流砲術を秘伝として、諸藩へ伝えることを禁じたが、前述のように、西国諸藩へ伝えた後なのでこの禁令は無意味なものであり、翌天保十三年六月、この禁令を解いて、誰に教授してもよいとした。これに応じて英龍は、同年八月「高島流砲術指南之義ニ付伺書」を申請し、九月七日許可を得て後、英龍の砲術教授が始まるのである。

名称について

巷間「江川塾」の名称が一般化しているがその内容は明確でなく、巷間の使用例では、江川家臣子弟の漢学教授と砲術習練とを含めて江川家の塾という意味で江川塾と称しているらしく、芝新銭座の砲術習練所は公的には「江川太郎左衛門大小砲習練場」と称しており、(2)慶応二年兵制改革により陸軍所が設置されるに際し、右習練場は廃止されることになるのだが、関係者の尽力により、私設の「江川氏塾」として残ることになる。後年の「江川塾」の呼称は、このへんに基くのではあるまいか。一体、代官が自分の塾に、自分の姓を名のって「江川塾」と称したことは常識的に考えられないことで、近世の藩校も領主の姓を冠した名称は一もなく、新銭座習練場もいつの頃からか「縄式館」と称している。明確な「江川塾」の名称の初見は現在のところ、「坦庵先生の敬慎主義」（大正九年刊）である。之は英龍の五男英武の講演筆記の整理であるが、その見出しに編者が使用したものである。

韮山中学校学友会誌第十三号（明治四十二年、坦庵追慕記念号）の志賀重昂の文に「韮山塾」の名称があり、又別に「此江川邸の庭では雷管の試験やら操練やら盛に行ったものだ」との談話があり、これは日記中の事実とも一致している。志賀重昂は当時相当確かな根拠を持っていたのではないかと推定され、韮山塾の名称は明治末年まで残っていたのである。

ここで「韮山塾」の性格を一そうはっきりさせるため、江川家の漢学教授について附言する必要がある。江川家には当時大石省三なる漢学者をおいて、家臣、子弟に漢学教授を行っていた。天保十二年以後はその家臣子弟に砲術を教授するようになり、十三年九月以後、他藩諸家の侍が入門するようになって、家臣子弟と他藩の侍とを区別するようになった。「塾内告示案」（江川文庫）に「……諸家門人中江砲術修行御塾中取締向等之儀御箇条書を以被仰達候節一統江も右之趣相心得……諸家之御家来多人数在塾罷在……」とあり、又嘉永四年の「韮山掟書」（坦庵全集下）にも「御武器手入方其外、勤向心得方等之儀先年箇条書を以御達申、猶又塾中江被仰出候掟書写其節相廻、御一統においては右掟之趣別《ママ》心得有之候様……」と諸家門人

（塾）と一統（江川家臣）とを区別し、対応して扱ってあり、塾日記に「小筒稽古始有之、尤御台所打混……」（嘉二、正、一）とあり、更に又、塾日記には砲術稽古につき、江川家臣子弟の記録はほとんどなく、あっても、それと区別し対応した扱いである。これらによれば、江川家臣子弟と砲術稽古の他藩の者とは明らかに区別してあり、従前より存在した江川の塾（当時塾と称していたかどうか筆者は疑問に思っているが）に対して、他藩の者を対象とした砲術稽古の組織を、前者と区別して「韮山塾」と呼称したのである。即ち英龍は天保十二年以後、譜代の者へ砲術稽古を行っているが、それと共に他藩の者を対象とした砲術習練の組織が韮山塾である。

英龍敬慕の念から江川家の塾という意味で江川塾と称するのは、それはそれとして意味のある事であるが、是に明らかに「韮山塾日記」が発見された以上「韮山塾」の名称、意味を確定すべきである。

韮山塾の始期、終期

韮山塾の始期をいつにおくべきか。その名称がはじめて見えるのは弘化五年の日記であるが、砲術習練の事実は、それ以前からあったことは、弘化元年、二年、三年の稽古打の記録の存在により肯定できる。ここで塾の始期に関して砲術習練の場所が考えられねばならない。天保十三年九月英龍が砲術指南の許可を得て後、十月四日韮山へ出発するまで（砲術御用留抜書）極めて短期間、江戸屋敷で砲術教授を行っている。最初の入門者佐久間修理は九月八日より月末まで江戸で稽古をし、その後は韮山で稽古をし、翌十四年二月帰府している。一方英龍は天保十二年砲術免許をうけて後、再三にわたって、鉄砲、大小砲を韮山へ取り寄せ、自分はもちろん、家来共へも稽古させたいと、勘定所へ願い出ている。(5) 以後弘化元、二・三年の韮山での稽古記録があり、嘉永元年以後は韮山塾日記の示すとおりである。天保十四年、弘化四年が不明であるが、天保十四年五月より翌年十一月まで、英龍は鉄砲方の職にあり、江戸出府が多かったと思われるが、江戸においてどの程度の砲術稽古が可能であったか。初歩的な事はともかく、高度の稽古は、大小砲の備もなく、四百五十坪の江戸屋敷では不可能であったろう。弘化四年は、翌嘉永元年記録の内容から、韮山で行った事は十分肯定できる。以上によれば、英龍の砲術教授は、意図的にも、事実についても、大部分韮山で行ったのである。

前掲「塾内告示案」に「昨年諸家御門人中江砲術修行御塾中取締向等……」とあり、英龍が砲術教授を開始したのは天保十三年であるので、天保十四年には「塾」として意識されている。小川家現蔵の「月番箱」（この箱について日記にも記載がある）に、弘化三年、塾執事、とあり、他の嘉永元年以後の各種記録に「韮山塾」の名称の記されたもの若干がある。又「弘化五戍申年春正月より／大筒稽古の節矢先地所一件出金」の表紙をもつ冊子の冒頭に「年々金貳朱宛」とし次に塾生十一名の氏名を掲げ「右は弘化四丁未年十二月出金之面々也」とあり、この記録が嘉永元年（弘化五年）にはじめて作られたことを示している。又塾日記第一冊嘉永元年の冒頭に「塾法」が掲げられ（但し三月三日被仰出、後綴り加えられたもの）その中に「右塾中追々多人数相成候にしたがひ、いつとなく塾法相弛……此度猶申達候間……一統急度相守可被申候」と結んである。以上を綜合すれば英龍の砲術教授は天保十三年以後韮山を中心として行われ、天保十四年には塾として意識され、弘化三年には塾執事、月番をおき、月番箱を管理する程度の組織を持ち、何らかの塾法が存在していたと思われるが、塾生の増加に従い嘉永元年より、日記の他各種記録を作成整備し、韮山塾の名称を持つようになった、というべきであろう。かく考えると、韮山塾の名称の存在はともかくとして、その実体は天保十三年九月以後存在していたのである。

元来江川氏は清和源氏の流をくむといわれ、鎌倉時代より伊豆に住し、宝歴年間より韮山代官としての地位にあり、英龍の時は、武蔵、相模、甲斐、駿河、伊豆の地十二万石を支配していた。（天保九年）従って英龍は職業として砲術を教授する必要はなく、又そういう事のできる立場でもなかった。彼が砲術を学んだのは伊豆代官としての海防上の見識からであった。ところが当時の新式砲術高島流への需要が、英龍の声望と相まって、英龍の砲術教授となったのであって、塾の成立は自然発生的なものというべく、入門者の増加に従い、追々塾として意識され、嘉永元年以後は塾としての組織内容を充実していったのである。以上により塾の始期を考えるなら、江戸における短期間、初歩的な教授を認めつつも、それは韮山塾の一変型であると考え、韮山塾の名称の存在はともかくとして、その実体は天保十三年九月以降あったのであって、筆者は韮山塾の始期を右の年次に考えたい。

次にその終期について考えたい。韮山塾の砲術教授者は後述の如く江川英龍であり、英龍出府中は塾の一時閉鎖が行われているが、嘉永六年六月三日夕「下田表より異国船渡来」の大急注進があり英龍は下田へ出張、その後韮山へ帰った記録はなく、砲術稽古もなく、九月七日「先生の御帰も不相知ニ付」在塾の者二名は引取るよう、江戸より伝言があり、塾生二名は塾を引払った。その後嘉永七年八月まで塾は再開されず、八日十四名の入塾者があり（後二名更に入塾）九月三日英龍の江戸出府と共に塾生も江戸へ帰り、翌年一月英龍の死により韮山塾は事実上終った。

翌安政二年英龍歿後、芝海岸に六千五百余坪の地を「太郎左衛門屋敷并組与力、同心住居之地所、大小砲習練場に被下候」旨の申渡があり、八月右場所を請取[6]、いわゆる芝新銭座の砲術習練場がはじまるのである。従ってここで韮山塾と称するのは英龍在世中、天保十三年より嘉永七年まで、他藩の者を対象として韮山で行った砲術習練の機関である。と規定したい。

ここで芝新銭座の習練場（後縄武館と名附けられた）と韮山塾との関係について触れておきたい。

新銭座習練場は、英龍歿後安政二年八月より始まり、明治維新まで続くのである。その間の入門者名簿「御塾簿」によると、世話役、学頭、学頭助、頭取、塾頭、塾頭助、師範代、師範代手伝等の語が随所にあり、その内容は明確にし得ないが、韮山塾時代に比して組織形態が大きくなったことを思わせる。巷間英龍の門下数千人といわれるが、英龍在世中の門人は百名位[7]であり、数千人というのは新銭座習練場の入門者をふくめているのではないだろうか。とすれば新銭座習練場は韮山塾の延長であり、両者の区別を全く考えないものである。それは、たしかに韮山塾の延長ではあるが、中心的教授者である英龍歿後の門人を、英龍門人とする事は必らずしも妥当ではない。歿後の門人という考え方もあるが、当時の関係者がこの点を如何に意識していたか、後考にまちたい。

教授者

韮山塾の砲術教授者は江川英龍である。世上、代官が砲術教授をしたことにつき疑が持たれているが、日記中塾生が英龍に対し殿様と呼ぶのを「右の様ニ而は甚に御迷惑被思召候ニ付」先生と更めさせており、英龍出府中は砲術稽古が中止され、或は塾が閉鎖されているのである。英龍と塾生との関係は主従でなく師弟であり、日記中之を裏書きする箇所は随所に指摘できる。

もっとも「韮山掟書」（嘉永四年御達、坦庵全集下収録）には、「自分留守中并出席難致節は榊原鏡次郎出席之事」とあるが、英龍が中心的教授者であることには変りない。

塾生

日記中に「在塾の者」という語があるが、これを塾生として扱っておく。日記に出てくる塾生はすべて他藩の者である。

天保十三年の「砲術指南之議に付伺」(8)には「是迄譜代之家来共えは稽古為仕候得共、他向より弟子取候義無之候処」以後砲術修業熱心の者には指南したい旨願出ているが、日記中の在塾の者はこの「他向」の者である。英龍が家来子弟へも砲術教授をしていることは天保十二年九月願（関連史料参照）その他により明らかであるが、これは塾生として教授しているのではなく、自分の海防上の見識から、自分の家来として教授していると思われる。日記その他には、塾生と英龍家臣とを明らかに区別し対応させて扱っている。

塾生の数は帰宅、帰国等の異動が甚しく、常時固定した数をとらえることは困難である。前述「塾法」に「塾中追々多人数相成」とあるが弘化四年末の塾生は十一名（前掲）嘉永元年三月三日には九名、同十二月十九日は十一人であるが、この数は常時固定したものではなく常に異動しており、常時在塾した者は四、五人から七、八人であり嘉永四年以後は極めて少くなる。之は嘉永元年以前よりの塾生が、砲術伝授を受け、それぞれ帰藩していったのである。

嘉永七年八月八日十四名の新規入塾者があり、八月晦日更に二名入塾、九月三日以後全員帰府しているが、之は期間も短く例外的な数である。

次に日記にあらわれる者と、その藩主をあげておく。（藩主は本書史料と坦庵全集下巻よりまとめた。順序不同。推定は？印）

水野出羽守　稲垣源次兵衛　服部峰次郎　三浦佐太郎　宮山千之助　芹沢三五郎

大久保加賀守　深水鉄三郎　別府信次郎　松国弥八郎

阿部伊勢守　前田藤九郎　日村治部之進

井伊掃部頭　津田十郎　堤勘左衛門　柳沢右源太　一瀬大蔵　一瀬豊彦　一瀬一馬(?)　藤枝勇次郎(?)

松平大和守　岩倉鉄三郎　肥田波門　肥田金之助　鹿沼泉

平　松本常葉　酒井伝内　酒井伝次

松平肥後守

松平和泉守　笠原雄二　畑田金之助　佐藤丈之助　杉浦山

平　梅沢権之進　堀田千右衛門

本多越中守　須藤直蔵　清水保蔵　恵沢次右衛門

鳥居丹波守　友平　栄

松平遠江守　高木　伝

本多安芸守　免東五十馬

牧野備前守　池田彦四郎

真田信濃守　金児忠兵衛

松前志摩守　竹田作郎

松平下総守　井狩作蔵

松平肥前守　本島藤太夫

（藩主不明）　大村亀太郎　馬場　廉　荒木藤七　鈴木亀吉

但し右の者すべてが塾生ではなく、藩用で客分として来た者、鍛冶修業として来た者等あり、詳細は日記を参照されたい。

塾生と英龍とは師弟の関係であることはいうまでもない。前述の如く殿様の呼称を先生に改めさせた事の外に、同様の事例をあげるなら、英龍の女婿榊原鏡次郎が江戸へ出立する時、御台所の衆は松並村迄見送ったが、塾の者は「例の通り御門前腰掛向」まで出たこと、英龍の二男が亡くなった時、塾の者が再三葬儀の御供を願い出たが遂に許さなかった事等によれば、師弟の関係と主従の関係とを明確に弁別していたのである。之に反しむしろ塾生の側にこそあいまいな点が指摘されるのであって、海岸見分の為幕府役人の来韮の折「御供侍にも可相成やニ有之」と思って準備していたのであるがそうはならなかった。之等の事例は、いはば英龍の合理主義精神の現れとでもいうべきものである。

塾生の居所

嘉永五年、江戸より剣術者が来たり明き屋を借用したいとの申出に対し「明き屋と申候ても御屋敷外之義故、幸此節は塾も人数少き故」塾へ同居させた事があり、塾は江川邸内にあったと考えられる。又「今朝　先生七社御参り有之ニ付、例之通り一統御玄関御座敷迄御見送り罷出候」とあり、別に塾生の「御米之通帳」には「御向座敷、御客様」とある。又嘉永三年、海岸見分の為来豆した幕府の役人、御勘定組頭、御勘定、御普請役等四人が江川邸に立寄った時、その役人達の部屋として「塾中掃除等致し、荷物類取片附……塾中をハ明け渡し……」とある。

江川邸内にあり、外部よりは御向座敷と称され、御玄関御座敷に出られる位置にあり、幕府役人の接待場所となり得る場所はどこか。現在江川邸の式台を登って畳敷玄関の間の右側に「塾の間」と称する三間四方十八畳の部屋がある。前述の塾生の数から考えて、この部屋が塾生の起居した部屋と考えてよいであろう。従来この部屋は重要な相談をする部屋、熟議をこらす部屋、と伝えられているが、熟議をこらす部屋が「塾の間」となることは言語的に考えられず、又外に面したこの部屋で重要な相談をしたとも考えられない。他藩の侍であり、外部の商人からは、お客様と扱われていた塾生を遇する部屋としてこの「塾の間」が適当なものと考えられる。明治二十年頃成立と考えられる江川家平面図に「塾の間」に傍記して（さむらいべや）とあるのも之を裏書きするものである。（重要文化財江川家住宅修理工事報告書）

韮山塾の教育内容

韮山塾は砲術教授の塾である。砲術とは一般に「火砲特に鉄砲の取扱い、射撃、火薬調合などを内容とする武術」（河出、歴史大辞典）とされるが、韮山塾に於てもその塾法に一般的心構えの外「凡鹿狩等にて心胆を錬候階梯より歩卒打前薬剤精選大銃放発城制陣法に至迄」とあり、之等を修業の目標としていた事が知られる。之等の具体的事例を日記中より抽出すれば、大砲の種類として、カノーン、ホーウィツスル、小筒、大筒、モルチール等、使用弾丸はグルーエインデコーゲル、ボンベン、フラントコーゲル、ダンプコーゲル、リクトコーゲル、ホルレブラントコーゲル、ドロイフコーゲル、ガラナード等、火薬調製については、フラント製薬、ゲスイントペイプ製薬、トントル製薬の語が見られる。日記にはゲウェール（手銃）の稽古記録がないが、弘化元、二年の記録はすべてゲウェール等小火器の記録で、右記録の塾生と、日記中の塾生とを比較すると、大部分別の人物であり、即ち弘化元、二年の塾生は大部分、三・四年の頃修業を終って帰藩し、弘化三・四年の頃の入門者の小火器修業を終った後の記録が、嘉永元年以後の塾日記としてあらわれてくるのである。別に「書留」なる冊子（小川蔵）には各種火薬調製法が記されている。稽古の場所には一丁場、三丁場、五丁場、八丁場、十五丁場、十七丁場の語が見え、別に馬場における馬上砲稽古、沼津領海岸での稽古、海上での船打稽古も行われている。稽古の種類として稽古打、備打、カノーン早打、町（待カ）打、試打、反打、の外調練も行われている。別に相州高座郡南郷における井上左太夫研術稽古拝見の例もあり、広義の砲術稽古と考えてよいだろう。

特に注目すべきは「狩」についてである。英龍は塾生、家臣と共ニ非常に屢々狩に出かけている。嘉永元年を例にとると、一年三五四日の中、砲術稽古の日は二十二日、この前後にはその準備整理の仕事、或は砲術書による理論の研究もあった事と思うが、一方狩に出かけた日は一三九日、一ケ年の約四十％弱を狩に過している。この狩は英龍が家臣と共にする狩に塾生が「御供被仰付」という形で参加しているが、その回数の多さには驚く外はない。

塾法では狩は「心胆を錬候階梯」と称しているが、之は砲術稽古そのものからみれば、いわば応用面に属する事であるので、こういう表現をとったものであって英龍の意図は、別の所にあったのだと思う。

英龍一代の座右銘として「敬慎第一実用専務」という語がある。之につき英龍第五子英武は、大正九年の講演において「当時の軽佻浮薄な風潮に逆行し……真に一切の事物をして処を得せしめ、一切の場合に処して最も適切に最有効なる処置を取るという事」と理解している。之を具体的に考えれば、嘉永三年の狩に参加した佐賀藩本島藤太夫の記録[9]によると「抑江川氏山狩を以講武の一端とせられ……常に物語あるは、凡士たる者幸に太平の世に逢ひ平日暖衣飽食して国恩の厚き事は忘れたる如くなるは無勿体事なり……されば武士たらん者は治に乱を忘れず、常々山狩等をなして筋骨を練り活物に逢うて手銃の矢業を試み」と述べている。又塾生友平栄の藩主に対する書取[10]によれば「世上流弊ニ而……唯々議論ノミヲ専と仕候向は適実験之稽古仕候節聊之義も差支活用不仕……都而実用第一国家之御為相成候様」との英龍の教を述べている。又弘化四年入門した一瀬大蔵についの文書に「……一体実用専一ニ切瑳仕候ニ付……」とあり（関連史料参照）即ち英龍の処世観は虚飾を否定し空論を排し、すべて実用第一を旨として国恩に報じる事であった。砲術に於ても実地の効用を高めるための応用として、屢々狩を行ったのである。かく考えると塾生の山狩は、砲術修業の重要な一部をなすものであり、韮山塾にとっては特殊な内容をなすものである。もっとも弘化元、二年の記録では稽古の日数が多く、狩に出たことは考えられず、出たにしても回数は少なかったであろう。これは史料篇でのべた如く、小銃の稽古を主とし塾生の技術が低く、狩に出かけられない状態であったのであろう。

塾生の資格

次に塾生の資格について触れたい。

幕内立入傳授

嘉永三年十一月二十一日、英龍の女婿榊原鏡次郎が幕内立入傳授を受けているが、塾生としては天保十四年二月、佐久間修理、竹田作郎、森慶弥が（砲術御用留）又嘉永五年五月七日、福山藩前田藤九郎、松平遠江守家来高木伝が、幕内立入伝授をうけ、御書院に於て正服で奥儀誓詞を済ませている。前田は嘉永三年十一月入塾当時、既に英龍門弟友平栄の門人であり、高木は五年一月二十日入塾し、二月二十九日の狩では大女鹿一匹を打留めているので、既に相当の修業を積んでいたと思われ、それがこの異例の結果となったのであろう。幕内立入伝授以後は、この両人は特別の待遇をうけ、五年七月十日には「前田氏高木氏在塾ニは無之候得共（塾へ）相残居候」同八月十四日「……塾の者と申にも無之候得共同居致……御台所之衆と一所に」行動しており、九月二日英龍出府の折は「前田高木、別段之義故御家来衆同様正服ニテ」見送ったのである。即ち幕内立入伝授をうけると、塾に起居していても塾生ではなく、家来同様の扱いをうけたのである。（右以外の者については不明）

皆伝免許

皆伝免許をうけた者は嘉永二年三月十日六人、同四月六日一名、同十一月十一日三名である。勿論之は塾日記に見える者のみで、それ以前も多くあったことであろう。いずれも麻上下着用、書院にて奥儀誓詞を行っている。

カノン伝授

嘉永元年二月二日八名、同六月四日一名、同十二月十九日二名、同二年七月二十五日二名がカノン伝授をうけており、前頃の皆伝免許はこの者の中から選ばれている。前述の前田、高木は、カノン伝授、皆伝免許もうけていないが、既に相当の修業を積んでいたからであろう。右の中嘉永元年十二月十九日二名の場合「……今日カノーン御伝授被為下候趣ニテ初テ稽古打有之候事」とあり、他の場合は不明であるが、、カノン伝授以前にカノン稽古打を行った事はないので、カノン稽古打（実包使用）を行ったのち、カノン伝授を受けることができたのであろう。

カノンより小さいホーウィツスル（曲射砲）モルチール（臼砲）の場合は伝授免許ということはなく、始めて稽古打を行った時神酒二升を献上している程度である。

塾　頭

嘉永元年九月六日、沼津藩三浦佐太郎が塾頭になっている一例があるだけで詳細は不明である。三浦は弘化四年十二月には既に在塾しており、嘉永二年二月カノン伝授免許、三月皆伝免許、三年六月には国元へ帰っている。それ以後は塾頭はいなかったのであるが、嘉永三年後半になると、嘉永元年当時の十一名は皆伝免許をうけ大半帰藩し、多くて五名、常時三名程度の塾生であるので塾頭の必要がなかったのであろう。

以上日記を中心として韮山塾の大要を述べた。今後他史料との照合により、更に多くの事が究明されるなら幸甚である。

（本文脱稿後、淡交社より「日本の私塾」が刊行され、その中で高野澄氏が韮山塾について述べているのを知った。高野氏とは、今春来韮の折、韮山塾の存在につき種々話したことであった。この度右書の出版された事は喜ばしいことである）

〔注〕

1、2、坦庵全集下
3、小川家蔵　この記録は首尾を欠くが、文中の記録により、弘化元年、二年の韮山における稽古記録である。
4、江川文庫「ホーウ井ツスル稽古丁打」弘化三年十一月二十一日の稽古記録。
5、江川文庫「高島流砲術御用留抜書」「坦庵全集上」
6、坦庵全集下
7、「弘化元、二年記録」「砲術御門人束修請払帳」「塾日記」「砲術御用留」による概算である。
8、江川文庫「砲術御用留」
9、坦庵全集下
10、江川文庫「砲術執行心得書取」
右の他「高島秋帆」（有馬成甫著、吉川弘文館）を参考にした。

韮山塾日記

韮山塾日記

弘化五年

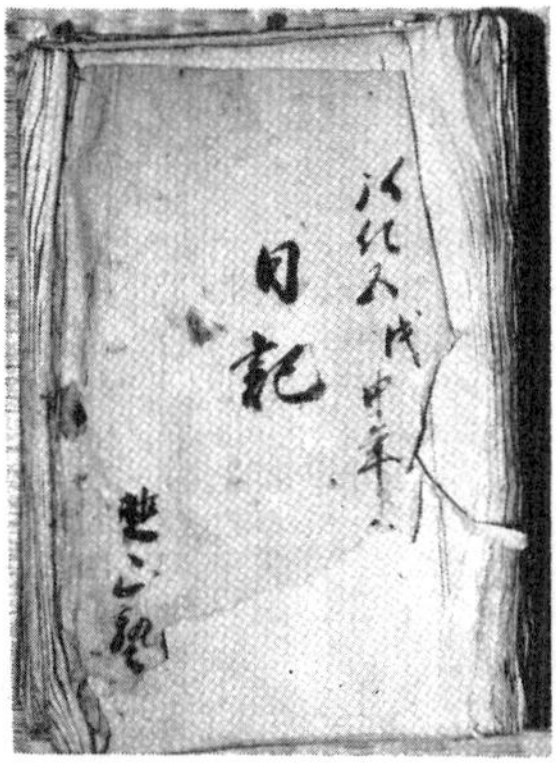

(冒頭の塾法は坦庵全集下、砲術史料に、嘉永四年十二月御達の韮山掟書の一部として掲載されている。内容は全く同じであるが、表記に若干の相違あり、今は塾日記の表記に従った。尚附言すれば前記韮山 掟書は英龍の家臣子弟、韮山塾生をふくめた者を対象としているが、次の塾法は韮山塾生を対象としたもので、三月三日仰せ出だされた。—同日の項参照)

一、誓詞前文之趣堅可相守は勿論之儀、都而敬慎を本といたしよからぬ事と心付候儀は相互ニ心付合一統相談之上諸事取斗可被申事

但少しニても廉立候儀は申聞候上取斗可被申候

一、塾中席之儀は入門順傳授有之ものは是又傳授之順に候事

一、禁酒之儀堅く可相守事

但爲士もの之可恥未練之所行有之間敷、銘々主人より頼を以修行いたし候は其主家之武備のみにも無之 國家御爲不容易事にて禁戒相守候儀難出來程之懶惰なる心得方ニ而は不相濟事ニ候、凡鹿狩等ニて心膽を練候階梯より歩卒打前藥劑精撰大銃放發城制陣法に至迄一技藝之修行に無之候間、厚可懸心筈之處、給物等之義ニ而彼是心配を掛候は師に學之禮に無之候篤と心得可被申候

一、狩之節衣類辨當等自身に携、嶮岨之山坂奔走いたし身躰疲候砌、小筒中方等ニ次第有之義共能々修行致柔弱之義無之樣相勵聊も奢ケ間敷義有之間敷候、狩中食物は手前同樣汁香物ニ限候狩場往返勝手儘ニ後歩行案内者抔と躰能申僞荷物爲持候事共有之間敷事

但万一無據義にて後候途中縱親類之方にても立寄申間敷候

一、狩場小屋ニおゐて菰筵之外敷もの無用之事幷下小屋不可參事
但羽織風呂敷等躰能拵置平臥いたし候節敷候向も有之哉ニ相聞候、於手前左樣之義は不致候處門人身分甚以不敬且同塾之もの江も失禮ニ候、是程之儀は辨可居筈候得共、畢竟等閑之心得方より右樣成行候義にも可有之以來急度相改可被申候、且野服は甲冑之心得ニて不苦候間安座は差免置候
一、火元別而入念可申は勿論火藥等は定式之場所に差置、鹿狩等に罷越候節は跡々迄も心付置大切可被致事
一、鐵砲製作其余細工もの等職方江相對を以被申付間敷事
一、砲術稽古之外可成丈無益之入費相省候樣申達候に付而は銘々申合炊をもいたし候得共品ニより稽古向に差障候ニ付下男壹人ニ限差置候儀は承届候得共、是は全炊迄之事ニ候然る處銘々自身可達用事をも尽ク申付候樣成行候而は在塾之もの追々多人數にも相成、下賤之者不堪煩勞落付相勤兼可申、殊一躰之趣意にも振候間銘々可致事は自身と相達可成丈心を用ひ召仕可申、是等之儀も矢張修行之一端候間心得可被申事
一、塾中出這入之節土産等持參致候儀無用に候、困窮之ものは甚差支其上何廉不義理之樣相成迷惑可致候、一躰稽古入用は別格とは乍申人足遣等之義は心を用と用不申とは廉立相違も有之事に而万一之節之心得にも相成主家入用儀格別心頭に不懸樣ニ而は臣下たるもの丶心といたし候處無之候間、瑣砕之事に候共心を用可申勿論種々と名目杯を付諸人用過分相立被申間敷事
但纔之事より塾法大ニ崩候ものニ付、小事に心を用可申是程之義は可宜と存候杯申樣なる義無之樣被心付候
一、無據他出いたし候節は其時々申聞候上可被罷出候事
右者塾中追々多人數相成候にしたがひ、いつとなく塾法相弛且飲食之儀は兎角奢侈に流易折角厚心掛候向も着合杯と申樣なる義ニ相成候而は以之外之事ニ付、此度猶申達候間、稲垣源次兵衛は別而之義一統急度相守可被申候、仍如件

申三月　日

右之趣申三月三日被　仰出候間申迄も無之候得共、御主意之趣一統堅相守可申候事

戌申三月三日　　友平　栄
岩倉銕三郎
稲垣源次兵衛
三浦佐太郎

一、今日松国弥八郎、別府信次郎、深水銕三郎、塾江着致候事
同　四日
一、友平栄、三浦佐太郎、宮山千之助、塾江着致候事
同　五日
一、江梨村江御狩御出立被遊候事
一、金児忠兵衛出立致候事
同　十日
一、今日江梨村ヨリ御帰被遊候事
右御狩中御獲物合猪鹿三疋、内中鹿壹疋松国弥八郎正月七日打留、同九日猪壹疋岩倉鉄三郎打留候事
一、同日井狩作蔵塾江着致候事
同　十一日
一、御具足開御祝儀在塾之者麻上下着用ニ而申上候。且一統江御汁粉餅被下置候事
同　十三日
一、天城山江御狩御出立被遊同夜菅引村江御泊、翌十四日御小屋江御着之事
一、井狩作蔵出立之事
同　廿七日

正月朔日
一、在塾之面々一統麻上下着用御殿様江年始御礼申上候、夫ヨリ御長屋并御台所江も右同断在塾罷在候面々左ノ通り
服部峰次郎
宮山千之助
松国弥八郎
別府信次郎
深水銕三郎
金児忠兵衛
岩倉銕三郎
服部峰次郎
一、今日小筒角前稽古始有之、尤御台所之面々一同少混也
但麻上下着用之事
右相済無程着替平服ニ相成候事
同　二日
一、今日五百目カノーン稽古打有之、拾五丁場五丁場也
同　三日
一、今日御近所御狩有之、御得もの無之

一、天城山御小屋御出立同夜加殿村江御泊、翌廿八日御屋敷御帰被遊候事
右御狩中御獲物猪鹿貳拾壹疋、内スル壹疋正月十五日三浦佐太郎、同廿四日大鹿壹疋岩倉鉄三郎、同廿六日大女鹿壹疋岩倉鉄三郎打留候事

二月二日

一、初午ニ付在塾のもの江御赤飯被下置候事
一、カノン之御伝授被成下候もの左之通り

大村亀太郎
稲垣源次兵衛
三浦佐太郎
服部峰次郎
宮山千之助
松国弥八郎
別府信次郎
深水鉄三郎

右御礼一統麻上下着用ニ而申上候事
一、同日十五間ニ而、ダライバス壹放ツ、右名前之もの稽古打致候事

同　七日

一、小ホウイッスル八町場ニテ稽古打有之候事

同　九日

一、江梨村江御鹿狩御出立被遊候事

同　十一日

一、江梨村ヨリ井田村江御出被遊候事

同　十四日

一、井田村ヨリ江梨村江御帰被遊候事

同　廿一日

一、江梨村ヨリ御帰被遊候、右御狩中御獲物猪鹿合拾七疋。内二月十日女鹿壹疋深水鉄三郎、同十五日大女鹿壹疋稲垣源次兵衛、同十九日大女鹿壹疋服部峰次郎、同日中鹿壹疋松国弥八郎打留候事

同　廿三日

一、名古屋村御狩御獲物壹疋也

同　廿五日

一、山木村御狩之事

同　廿九日

一、郷山御狩猪三疋御獲物内壹疋三浦佐太郎打留候事

三月三日　朝雨昼後雨上り曇

一、朝上巳之御祝儀在塾之者一統麻上下着用ニ而申上夫ヨリ御長屋御台所江も申述候事

一、前文御制禁之条々被　仰出候事

一、五百目カノーン五町場ニテ稽古打致候事、但玉数十六発ニ候

同　四日　風冬(カ)西

一、百目ダライバス五町場稽古打致候事、但玉数十四発ニ候事

同　五日

一、田中山御林長源寺辺御狩之事

一、稲垣、三浦、帰国致候事

一、井狩作蔵塾江着致候事

同　六日

一、彦根御家中津田十郎、堤勘左衛門、柳沢右原太、三人御門入致候事

同　七日

一、夜三百目焼玉稽古打有之候事。但町間八町場ニ而

一、服部峰次郎、宮山千之助帰宅致候事

同　八日

一、初午御祭礼ニ付在塾之もの江も御赤飯被下置候事

一、服部、宮山塾江罷帰候事

一、三百目カノーン於　御門前備打手前八発有之候事

同　十三日　晴

一、名古屋村御鹿狩之事

同　十四日　晴

一、三浦佐太郎塾江着致候事

一、去ル三日五百目カノーン稽古打之節和助勇助江矢見相頼候ニ付為手宛両人江金貳朱差遣候。外ニ勇助江は玉堀相頼候ニ付同断、後三百文差遣候事

同　十八日　晴

一、岩倉鉄三郎帰宅之事

同　廿三日　曇

一、昼過ヨリ名古屋村御鹿狩之事

同　廿五日　晴

一、三百目カノーン於　裏御門内備打手前六発有之候事

同　廿四日(ママ)　曇

一、鍋島肥前守様今日三嶋宿御止宿ニ付　殿様三島宿江八ツ時頃御出、御帰館夜四ツ時過、御出懸塾中御門前木戸際迄御見

送、御帰御門前石橋向迄御出迎申候事

同　廿六日　雨天

一、今日御台所於土間御台所塾中スマウトリ有之殿様御下知有之、小田原様御家中渡辺武太夫殿拝見有之候事

同　廿七日　曇

一、今日殿様御廟江御参詣有之塾中御玄関下座薄縁迄、御出御帰共罷出申候事

同　廿九日

一、今日松国弥八郎俄ニ御帰国夜九ツ半時頃御出立之事

但し叔母大病ニ付罷帰候事

四月朔日

一、今日別府信次郎小田原ゟ書状参り昨日叔父病死之趣申来候ニ付旅宿へ下り居可申段窺候所不苦候間塾ニ而慎居候様被仰出候事

同　五日

一、江梨村江御鹿狩御出立被遊候事

一、同夜九ツ半時頃松国弥八郎江梨村御小屋へ着候事、同夜ヨリ雨降翌六日中降御狩無之事

同　七日

一、別府信次郎四ツ時頃御小屋へ着候事

但忌中ニ候も七日相立候ハヽ、稽古之事故不苦候間御狩御供可仕旨御沙汰ニ付如斯

一、小田原様御家中坂部与八郎殿夕七ツ時過頃御小屋へ被参候事

同　八日　雨天

一、江梨村ヨリ御帰被遊候事、右御狩中御獲物都合貳疋内中鹿壹疋柳沢右原太打留候事

四月九日

一、三百目カノーン於御馬場備打手前五発有之事

四月十日

一、別府信次郎忌明之事

四月十三日

一、津田十郎病気ニ付矢田部卿雲相談之上先生江申上御聞済ニテ修善寺村温泉（ムシ）出立仕候

四月十四日

一、名古屋村御鹿狩有之

四月十七日

一、於表御門前調練有之候事

四月廿日

一、稲垣源次兵衛参塾馬召連来候間即刻申上於御馬場馬上砲一放ツ、稽古有之面々稲垣源次兵衛、三浦佐太郎、服部峰次郎、松国弥八郎、別府信次郎、深水銕三郎也

四月廿一日

一、今朝一瀬大蔵参塾之事

一、昨日源次兵衛召連候馬一泊為致今日於上土馬上砲□□(ムシ)稽古有之。昨日出候面々何れも罷出ル

四月廿二日

一、今日口野村江烏賊釣として御出ニ付塾中一統御供被　仰付弁当持参ニ不及趣御沙汰ニ付持参無之、於格左衛門宅御酒被下之、御帰館夜ニ入

一、御帰館後御土産之御魚被下之、一同御礼御台所マテ申上之

四月廿六日

一、今日於御門前調練有之

四月廿八日

一、津田十郎修善寺温泉ゟ罷帰ル

五月二日

一、稲垣源次兵衛帰宅

五月端午

一、恒例之通麻上下着用御祝儀申上候、来ル七日小田原候調練御覧ニ付松国弥八郎、深水鉄三郎、別府信次郎今日小田原江罷帰ル

五月八日

一、津田十郎病気ニ付堤勘左衛門附添今夕俄ニ江戸江出立

五月九日

一、稲垣源次兵衛参塾

同十二日

一、松国弥八郎、別府信次郎、深水鉄三郎、今夕参塾

一、居風呂之儀御台所ニテ立候節ハ御台所之者斗相用塾ニテ立候節ハ塾之者斗相用候様以来可相心得旨被仰聞候段八田兵助相伝候

但シ何ニ而立候とも決而不相用と申訳ニは無之立候方相済候後用候儀は心次第ニ候旨

五月十三日　雨天

一、夕刻井狩作蔵参塾致候

五月十六日　晴

一、八ツ半時過井狩作蔵江戸表へ出立致し候

五月十九日　曇

一、明廿日天城山江御鹿狩御出被遊候ニ付御供可致旨御沙汰有之候、尤稲垣源次兵衛、一瀬大蔵両人御留守居ニ相残候事

同　廿日　曇

一、今夕稲垣源次兵衛沼津江罷帰候、此朝馬上砲ハトロン入并皮タスキ幸吉ヲ以相納候事

一、天城山江御鹿狩御出立被遊候事

但菅引村御林守要右衛門方江御泊

五月廿一日　雨天

一、朝菅引村御出立天城山御小屋江御着之事

同　廿九日　雨天

一、天城御小屋御出立被遊加殿村次郎左衛門江御泊

一、柳沢右源太不快ニ付宮山千之助附添八幡野村肥田春庵方江罷越療治請候様先生御沙汰ニテ罷越ス。但シ房司仁兵衛モ少々病気ニ付先生江申上候上差遣ス

五月晦日　雨天昼後打々止

一、加殿村御出立昼後韮山御屋敷江御着被遊候事

一、宮山千之助夕刻八幡野村ヨリ帰着仕候、尤柳沢右源太并ニ房司仁兵衛ハ春庵方江相残申候

一、御狩中御獲物鹿九匹

同スル鹿壹疋別府信次郎打留申候事

六月朔日

一、友平栄相州足柄下郡底倉村江要用ニ付出立致し候事

六月三日

一、友平栄帰塾致し候事

六月四日

一、一瀬大蔵カノーン御伝授被成下候事

一、房司仁兵衛八幡野村ヨリ罷帰リ候事

六月七日

一、江梨村江御鹿狩御出立被遊候事

同　九日

一、堤勘左衛門江戸表ヨリ帰塾致シ候事

六月十一日

一、堤勘左衛門御小屋江着致し候事

六月十三日

一、江梨村御小屋ヨリ御帰リ被遊候、右御狩り中御獲物二疋之事

六月十五日

一、柳沢右原太、八幡野村肥田春庵方へ為療養罷越居候処快気

致候間帰塾いたし候事

六月十八日

一、右大将様御簾中様薨帥　被遊候ニ付鳴物音曲普請共御停止之旨被　仰出候事

六月廿二日

一、三浦佐太郎、服部峰次郎、宮山千之助、松国弥八郎、四人江トントル筒出来ニ付御渡シ被成候段御沙汰御座候事

六月廿五日

一、三浦佐太郎、服部峰次郎帰宅いたし候事

六月廿七日

一、先日被　仰出候鳴物音曲御停止之儀今日迄ニ而明日ゟは御構無之旨御沙汰御座候事

六月廿九日

一、暑入之節御機嫌伺可申上之処先達而中、鳴物音曲御停止ニ付今日塾中之者御機嫌伺申上候、御台所江も申述候事

七月朔日

一、今日口野村江御釣ニ御越被遊候ニ付塾中一統御供被　仰付候、浜并格左衛門宅ニ而御酒被下置候、御帰夜ニ入、但弁当持参ニ不及候事

七月二日

一、薄暮ニ及虫送リニ付於　御門前ニ五百目、三百目、百五拾目カノン早打五放宛有之候事

尤右之御沙汰今朝有之候

七月三日

一、早朝三浦佐太郎参塾

七月六日

一、同夕長源寺山御狩有之候

七月七日

一、服部峰次郎叔父病死致候趣申来即刻帰宅之事

七月八日

一、七夕之御祝儀在塾之者一統麻上下着用ニ而申上夫ヨリ御長屋御台所江も申述候事

七月九日

一、昼過ヨリ狩野川江御釣ニ御出被遊候ニ付一統御供被仰付候、御酒肴被下置候事

七月十日

一、夕刻より三浦佐太郎、宮山千之助帰国之事

一、早朝ヨリ松国弥八郎、別府信次郎、深水銕三郎、帰国之事

一、同刻ゟ友平栄、一瀬大蔵、沼津江被参候事

七月十二日

一、夕刻服部峰次郎帰塾之事

七月十九日

一、八ツ時頃ゟ於五町場一瀬大蔵、服部峰次郎ダライバス稽古有之事

七月廿五日

一、九ツ時頃三浦佐太郎、宮山千之助帰塾之事

七月廿六日

一、早朝ゟ口野村江御釣ニ御趣被遊塾中一統御供被仰付格左衛門宅ニ而両度御頂戴被仰付候事、尤弁当持参不及候事、御帰館夜四ツ時頃

七月廿七日

一、松国弥八郎、別府信次郎、深水銕三郎、八ツ時頃帰塾之事

一、同日七ツ時過於御台所スコートル手前有之事

七月廿八日

一、昼過ヨリ城山江為御狩御出被遊候事

一、同夜山木村虫送ニ付塾中不残小筒放出打申候事

八月朔日

一、朝八朔之御祝儀在塾之者一統麻上下着用ニて申上夫ゟ御台所御長屋江も申述候、尤一瀬大蔵ハ病気ニ付御祝儀不申上事

八月五日

一、一瀬大蔵義先月中旬ゟ病気ニ罷在未タ快気不致御長屋御替ニ成候ニ付九ツ過頃引移候、看病之者仁兵衛差遣候事

八月十一日

一、城山へ御狩ニ御出被遊御獲物猪壹疋有之候事

八月十五日

一、八幡御祭礼ニ付在塾之ものへ御赤飯被下置候事

八月十八日

一、一瀬豊彦親大蔵病気ニ付看病ニ参り候事

八月廿二日　雨天

一、昼後ヨリ古宇山御狩御出立被遊候事

八月廿四日

一、五ツ半時頃古宇山ヨリ御帰被遊候、御獲物二ツ猪壹疋、中鹿壹疋、内中鹿打留人深水鉄三郎

八月廿九日

一、昼後ヨリ急ニ城山御狩有之候、夕刻御帰被遊候

九月朔日

一、昼ヨリ伊賀山御狩有之、七ツ時頃御帰被遊候

同　四日

一、小形ホーイッスル稽古打有之候

同　六日

一、三浦佐太郎塾頭被仰付候事

同　七日

一、友平栄帰国之事

右ニ付松並迄一同送り申候事

同　十日

一、昼ヨリ天城山御鹿狩御出立、菅引村御泊

同　十一日

一、朝菅引村御出立、天城御小屋江御着、尤先生は途中ヨリ泊山ニ御廻り被成候

九月十二日

一、昼頃先生泊山ヨリ御小屋江御帰被遊候

同　廿一日

一、天城御小屋御出立梅木村御泊

同　廿二日

一、梅木村御出立、韮山御屋舗江御帰着

一、御狩中御獲物鹿六疋、内大鹿壹疋別府信次郎打留候事

同　廿三日

一、夜五百目カノーン八場町ニおゐて有之

但シグルーエインデコーゲル

一、御近辺御鹿狩有之候事

十月三日

一、田中山御鹿狩有之候事

同月七日

一、小屋之沢辺御鹿狩有之候事

同月十日

一、名護屋村辺御鹿狩有之候事

十月十三日

一、馬場廉罷越候事

十月十四日

一、殿様朝五ツ過頃御出立ニ而為御検見被遊御出候ニ付御門前木戸前迄御見送として一統罷出候、尤堤勘左衛門は病中ニ付不罷出候事

十月十五日

一、三浦佐太郎、服部峰次郎、宮山千之助帰宅之事

十月十六日

一、御会式餅一統江被下置候事

同　日

一、三浦佐太郎、服部峰次郎、宮山千之助夜ニ入罷越候事

十月十七日

一、今暁御庭前物置焼失之事。但一統右之場江罷出候

十月十八日

一、一瀬大蔵全快致塾江引戻候事

同月十九日

一、一瀬豊彦親大蔵義快気致候間罷帰候事

同　日

一、城山江鹿狩八田氏江伺之上一統罷越候

同　日

一、津田十郎罷越候事

十日廿日

一、御近辺鹿狩之事

一、殿様御検見ヨリ御帰ニ付御門前木戸迄御出迎罷在候事

十月廿一日

一、去ル十七日御庭内出火御達ニ相成候ニ付砲術稽古見合候由、沼津一統之儀は引取ニ相成候而も不苦候段松岡正平殿ゟ沙汰有之候

一、同刻出火之為御機嫌伺一統御詰座敷江罷出候事、御取次森田貞吉殿

一、同日三浦佐太郎、服部峰次郎、帰宅之事、柳沢右原太親対面相願候処則相済出府之事

十月廿二日

一、夕刻服部峰次郎参塾之事

十月廿三日

一、一瀬大蔵、堤勘左衛門、病気養生之ため修善寺温泉江入湯相願候処則相済同刻出立之事

十月廿四日

一、別府信次郎帰宅之事

但母大病ニ付様子見届之為罷帰候者也

十月廿六日

一、夜四時頃松岡氏ゟ砲術稽古致候儀不苦段沙汰有之候

十月廿八日

一、堤勘左衛門入湯より罷帰候事

十月廿九日

一、別府信次郎参塾之事

十月晦日
一、一瀬大蔵入湯より罷帰候事
十一月朔日
一、五半時比より御近辺御狩有之於郷林服部峰次郎三歳ノ牝猪打留
十一月四日
一、昼時御出立。江梨山為御狩御出立被遊候一同罷越、一瀬大蔵、堤勘左衛門儀ハ病気ニ付不罷越候。
同　五日
一、服部峰次郎於鳶巣牝鹿打留
十一月六日
一、三浦佐太郎義昨日帰塾、今日直江梨山御小屋へ罷越
十一月七日
一、柳沢右源太儀去月廿一日ヨリ出立、江戸表江罷越在、昨六日帰塾之由、今日直江梨御小屋へ参着いたし候
十一月九日
一、津田十郎義於若松山牡鹿打留申候
十一月十三日
一、昼時江梨村御出立御帰館被遊候、一同罷帰
十二月十四日
一、是迄太郎左衛門様御事ヲ殿様又は御前と申上候者も有之候処右之称ニ而は甚た御迷惑被思召候ニ付以後は惣而以御師弟ノ訳先生ト而已申上候様以八田兵助被仰出候
同　十五日
一、今朝岩倉鉄三郎入塾致候
同　十六日
一、堤勘左衛門病気ニ付津田十郎附添今昼江戸表江出起致候
同　十九日
一、今昼天城山御狩ニ御出立被成候事
同　廿八日
一、津田十郎今夕江戸表ゟ帰塾
一、十一月十九日昼立天城山へ御狩、韮山御出立、管引村御泊りニ相成翌廿日天城山御小屋江御着罷成候事
一、御狩中御獲物鹿十七、内廿二日壹疋、別府信次郎打留、同廿四日壹疋、松国弥八郎打留、同廿五日壹疋柳沢右原太打留、同日壹疋別府信次郎打留、同廿六日壹疋松国弥八郎打留、同廿七日壹疋岩倉鉄三郎打留
一、十二月一日天城山御小屋御出立。梅木村御泊り。翌日韮山

御屋敷へ御帰館之事

一、十二月五日朝六ツ半時御出立ニ而江梨山江御狩りニ御出立ニ罷成候事。今五日大風ニ而御狩御休、同八日山神日ニ而御休、御狩中御獲物十三疋。内猪貳疋塾中打留左ノ通り

一、同九日鹿壹疋深水鉄三郎打留

一、同十日鹿壹疋馬場廉打留

一、同十一日夜覘ニ御越被成候事、猪壹疋岩倉鉄三郎打留

一、同十三日鹿壹疋岩倉鉄三郎打留

一、同十四日同壹疋服部峰次郎打留

一、同十六日同壹疋津田十郎打留

一、同十六日江梨山御出立御帰掛御狩罷成候夕七ツ半過ニ韮山御屋敷へ御帰館之事

十二月十八日　晴昼後ゟ大風

一、今日山木村御林江御鹿狩有之御供之面々左ノ通り

馬場廉、三浦佐太郎、服部峰次郎、宮山千之助、津田十郎、柳沢右源太、松国弥八郎、深水鉄三郎、別府信次郎、岩倉鉄三郎、山田熊蔵、望月大象、柴弘吉、岡右衛門、喜太郎、者助、勇助

一、今日同処ニおゐて猪之子壹ツ犬得物有之事

一、今晩先生御出ニ而明朝五百目カノーン五丁場ニテ稽古打可致旨御差図有之事

十二月十九日　晴大風

一、今昼時ゟ五百目カノーン五丁場稽古有之七ツ時過比相済都合十貳（貳の右に壹とあり――編者）発也、左之面々出張稽古有之事

三浦佐太郎、服部峰次郎、宮山千之助、一瀬大蔵、松国弥八郎、馬場廉、別府信次郎、深水鉄三郎、岩倉鉄三郎、津田十郎、柳沢右渡太

一、右津田氏、柳沢氏両人之義は今日カノーン御伝授被成下候趣ニ而初而稽古打有之事

一、右ニ付運ひ人足六人相頼候事

十二月廿日　晴

一、今日、昨日之大筒玉先見分并兼而引合置候来春クルーヱンデ之節目当材木見分旁左之面々罷越候事

三浦佐太郎、別府信次郎、松国弥八郎、深水鉄三郎、柳沢右源太

一、今日角場玉揚相済左之面々

馬場廉、一瀬大蔵、宮山千之助、服部峰次郎、津田十郎、

岩倉鉄三郎

一、今日五百目玉堀人足両人相頼為堀候処漸く三ツ堀出し跡悉く不相知事

十二月廿一日　雨昼頃ヨリ大風雨

一、先日五百目カノーン稽古并跡玉堀人足共左之通り

一、壹貫五百文　　人足六人

一、四百文　　同貳人玉堀

〆壹貫九百文

此拾壹人割壹人分　百七十文宛

一、五拾五匁　五百目鉄丸拾壹代

但シ壹ツニ付五匁ツヽ、

此拾壹人割壹人分五百四拾文ツヽ右二タ口惣〆壹人分七百拾四文也

一、今日、三浦氏、宮山氏、松国氏、別府氏、深水氏昼後出韮、御在所表ェ罷越、右ニ付小田原様ケウヘール五挺沼津様同断御誂ニ相成候ニ付持参被致候事

一、一瀬氏今日ケペール壹挺是又御渡ニ相成候事

十二月廿二日　晴大風

一、兼テ引合置候来春クルヱンテ之節入用材木先日半数貳両金差遣置候、尚又今日長崎村酒屋佐兵衛と申もの罷越跡不残代金相渡呉候様申訳候ニ付則跡貳両金今日差遣候、是ニ而皆済ニ相成候事、尤未ダ材木は先方江預置候事。材木左之通り

松角拾八本　但シ長サ九尺、壹尺角

〆

十二月廿三日

一、今朝一瀬大蔵、馬場廉帰府致候事

十二月廿四日

一、先達テ五百目カノーン稽古之砌入用之玉代金三分貳朱ト貳匁五分津田十郎ヲ以八田氏江相納候事

但シ玉拾壹代　壹ツニ付五匁ツヽ、也

一、今日津田氏、柳沢氏右両人江トントル筒壷挺宛御渡ニ相成候事

一、今日三島宿迄人足壹人相頼、是ハ彦根様ニテ近日トントル製薬ニ付右入用之品取集ニ差遣候事

但シ人足儀百三拾貳文直ニ人足江相渡差遣候事

一、下男仁兵衛義神（金）谷村和助を今一ケ年召仕呉候様致度旨願出候ニ付塾中相談之上聞届候旨及答候、右ニ付当暮取替金として金壹両貳分相渡呉候様申出候ニ付是又相談之上今晩仁兵衛江相渡差遣候事

但シ證文有之候事

右取替金之義は是迄大筒玉先一条ニ而一統申合集金いたし置
候金子貳両三分有之候処未タ其侭ニ而月番箱ニ入置候ニ付是
ヲ右取替金として壹両貳分差遣候、尤月々給金勘定相立候ハ
ヽ直様（ムシ）右集金江相納可申候事、勿論銭貳朱ヅツ取集候ハヽ
其廉之金ニ□□集金之内へ相納可申事
一、仁兵衛給金之義は是迄通り年ニ金三両之積ニ有之尤兎角多
人数故七月極月両度ニ貳朱位ツツ手当差遣可申事
但シ塾中拾人以上ニ相成候ハは三両之処貳分宛相増差遣候
事ニ取極置候、此節ハ矢張七人以上ニ付貳分増之事

十二月廿五日　晴

一、今日津田氏、柳沢氏、初而トントル製薬掛候事

十二月廿六日　晴大風

一、今日服部氏親爰元江寒中御見舞として被罷越候ニ付郷宿迄
峰次郎殿面会ニ被参候事

十二月廿七日

一、今日三浦氏、宮山氏歳暮として参韮有之直様帰宅之事
一、今日御中間江歳暮為挨拶一統申合三人江金貳朱差遣候。尤
明日六助義御暇相願帰宅之旨ニ付今日差遣候事

十二月廿八日

一、先達而中グルーエンテコーゲル之節目当入用材木昨日迄ニ
爰元玉先迄運ひ相済候、右ニ付人足賃銭左之通り半左衛門
申出候事

覚

一、北奈古屋山、長九尺巾壹尺五寸角、三本此人足貳拾四人、
但シ壹人ニ付百四拾八文ツヽ
此賃銭三貫六百文
一、同所、長同断巾壹尺角
此人足三拾人、但シ壹人ニ付百四拾八（ムシ）文ツヽ
此賃銭四貫五百文
一、多田山、長同断壹尺角　八本
此人足四十八人、但シ壹人ニ付七拾貳文ツツ
此賃銭三貫六百文
〆、此人足百貳人
此賃銭拾壹貫七百文
此金壹両三分ト銭五百文、但銭相場六四（ムシ）
右之通申出候ニ付月番岩倉鉄三郎払置追テ惣人別割ニ可致事
一、是迄大筒稽古之節玉先田畑荒之節夫々取調之上手当金差遣
候事ニ有之処兎角田畑主遠慮致十分之手当方不申出聊斗之事

ニ而相済来候然ル処夫ニ而は不足加之　先生ゟも度々被仰聞候ニは余事と違ひ地主等も難渋致候而は甚タ以不可然以来共此義而已は手当方過分致度左候得は地主之方ニ而別而難有相心得末々至り候得は我田畑へ玉落候を却而悦ひ候様可相成ニ付左様被成度旨精々被仰聞候ニ付是迄とても右之心得ニ而手当方も十分ニ申出呉候様申聞候得共前文ニ有之通り兎角遠慮致候様被存候ニ付四五日以前岩倉鉄三郎名主半左衛門を塾江相招キ前段之次第得と同人江申聞聊も遠慮なく十分之処申出候様致度旨相談し以来共此方ゟ不申聞共大筒稽古之跡ニ而は半左衛門見舞呉其上ニ而積書を以申出候様ニと堅ク相頼置候、勿論申迄も無之候得共此後とても是迄之様ニ彼是と心配致十分之積書不差出候而は同人へ折入相頼候全モ(ママ)詮?無之且ハ　先生之厚キ　思召之処も無之相成候義故此等之訳柄得と呑込以来之処宜敷取斗呉候様ニと相頼置候、此段在塾之面々も兼々御心得置被成候様致度候事

一、先達而五百目カノーン稽古之節玉先踏荒し候ニ付右手当金并昨日的立場迄グルーヱンテ之節入用之材木持運候ニ付右踏荒し等迄取調申出候様半左衛門迄相頼候処、今日左之通り書付ヲ以申出候事

覚

畑一枚之内（以下同―編者）

一、銭五百文　　作人 佐兵衛

是ハ木出シ之節踏荒之分

一、銭五百文　　同 弥右衛門

同　断（以下同―編者）

一、銭八百文　　同 同人

一、銭八百文　　同 茂兵次

一、銭貳百文　　源兵衛

一、銭貳百文　　彦七

一、銭八百文　　佐次兵衛

是ハ御的場踏荒之分

〆銭三貫八百文

此金貳分ト銭六百文

右之通り畑作荒為御手当書面之通り御渡被成下難有奉請取候已上

申十二月廿八日　　山木村 半左衛門

川越様

岩倉様

右之通り取調申出候ニ付則代金相渡差遣候追而人別割可致事

一、一昨日ゟ今日迄於御庭、津田氏、柳沢氏トントル製薬致候処、今日□(ムシ)済相成候ニ付初而之義故　先生江別段於　御書院御礼申上ル、鉄三郎同道也

十二月廿九日

一、当申ノ正月ヨリ十二月迄猪鹿打留候もの名前左ニ記

拾　安左衛門
七内猪三　森田貞吉
七　柴弘吉
六内猪貳　岩倉鉄三郎
四内猪壹　長沢鋼吉
四内猪壹　望月大象
四　別府信次郎
四　松国弥八郎
四内猪壹　服部峰次郎
三　深水鉄三郎
貳　大村亀太郎
貳　岩嶋千吉
貳　市川来吉
貳　友平栄
貳　三浦佐太郎
貳　山田山蔵
貳　友助
貳　渡辺和助
貳　喜太郎
貳　勇助
貳　柳沢右原太
貳　津田十郎
壹　稲垣源次兵衛
壹　次郎左衛門
壹　半左衛門
壹　馬場廉
五内猪貳　犬
先生 内猪十三
貳拾壹　内猪四、鹿十七〆惣数　百七疋

一、歳末為御祝詞今夕　先生江御礼申上候、藤枝勇次郎在塾之仁と一同罷出候事

但シ御台所御長屋江モ罷出候事

一、三百文
右ハ下男仁兵衛江為歳暮一統申合差遣候事
千秋萬歳

嘉永二年

正月朔日

一、在塾之面々麻上下着用年頭御礼申上候、夫より御長屋并御台所江も右同断、在塾罷在候面々左之通り

岩倉鉄三郎
津田　十郎
柳沢右源太
服部峰次郎

一、小筒稽古始有之尤御台所之面々打混し(ママ)候也、但し麻上下着

右相済早速平服罷成候事
正月二日
一、大筒稽古始有之
但五町場ニおゐて五百目也、玉数貳拾之内中り六ツ星貳ツ
一、大筒稽古始ニ付在塾之者一統塾ニおゐて夕刻御酒御吸物頂戴有之候、岩倉鉄三郎は御奥ニ而頂戴仕候事
一、旧年五百目カノン稽古之砌余り玉貳拾貳、鉄三郎、峰次郎両人を以て望月大象江相断上納相済候事
一、今日五百目カノン稽古之有之候ニ付右之弾丸拾三望月大象〆(ママ)請取候、追而勘定候上代料上納可致事
一、今日下男仁兵衛義北条江用事有之旨ニ付罷越候所宿元江罷越酒等相用ひ夜ニ入延引相成罷帰候ニ付御中間茂助を以て御免可被下旨歎願申越候間其侭差免遣候事、尤右様之次第是迄辺も度々有之候ニ付以来は右様之趣無之様急度心得候様申付候様ニ申聞候事
一、今日大筒稽古ニ付右運ひ人足六人相願候、尤玉落之方江右人足相廻し玉着取納候様申付候事
一、右人足早メ参り大筒運ひ等も存外早々相済候ニ付手明き之内矢先参りボさ多く有之ニ付右をからせ候事
一、今晩一統御酒被下候ニ付右礼御台所ニおゐて大象江宜敷申上候様相願引取候事
正月三日
一、今朝　先生七社御参り有之ニ付例之通り一統御玄関御座敷迄御見送り罷出候、御帰之節は一統大筒玉堀り之方江罷越候ニ付不罷出候事
一、五百目カノン稽古打之節山木村勇助江矢見并玉堀相頼候ニ付一統相談之上金五十疋差遣し候事
一、先生御来塾ニ而只今迄之火薬所は甚非常不宜候ニ付名名所持之薬少し宛只今迄之火薬所江差置余は出丸火薬蔵江差入候様被仰聞候事
一、山木林殿林御狩有之候事
一、五百目カノン稽古打貳拾発之内都合十六発堀出候事
正月四日
一、五百目カノン稽古之節望月大象〆鉄丸十三請取候処壹ツ大弾ニ而用立兼候ニ付峰次郎打揚〆立戻鉄丸壹ツ持参致候、右ニ付十四に相成候処右之大弾壹於御台所大象江上納致し余十

三玉代料金壹両と銀五匁峰次郎御台所ニおゐて右書面之通り代金兵助殿江相渡し候事

一、今日火薬出丸御蔵へ大象立合ニ而入置候事

一、今夕刻三浦佐太郎、宮山千之助参塾之事

正月五日

一、昼後御狩御発足在塾一統御供之事

一、此度藤枝勇次郎殿願之上御狩御供致候事

正月九日

一、松国弥八郎、別府信次郎、深水鉄三郎、参塾之事

正月十日

一、江梨村ゟ御帰館被遊候事

一、右御狩中御獲物猪鹿合せて五疋内六日大女鹿壹疋長沢鋼吉同日猪壹疋服部峰次郎同七日スル鹿壹疋長沢鋼吉猪壹鹿一ツ犬取之事

正月十一日　せつぶん

一、御具足開御祝儀ニ付御汁粉餅一統江被下置候、右ニ付在塾之者麻上下着用ニて頂戴致し候、相済而御礼申上候事

一、夜ニ至り八田兵助麻上下着用ニて罷越向当方ニ豆まき致し候事

正月十四日

一、昼頃より御近辺御狩有之候

正月十五日

一、御近辺御狩有之候事

正月十七日

一、五ツ半時ゟ天城山御狩御出立被遊候、塾中一統御供之事

但此度も藤枝勇次郎御供致候事

正月廿七日

一、岩倉鉄三郎天城山御小屋ゟ在所江出立致候事

二月朔日

一、井狩作蔵参塾致候事

二月二日

一、夜五ツ半時過天城御狩ゟ御帰被遊候、御狩中御獲物猪鹿共合貳拾六疋内　先生大女鹿壹疋小男鹿壹疋御打留被遊候、其外塾中ニ而岩倉鉄三郎二才鹿壹疋中鹿壹疋、松国弥八郎五才猪壹疋五才女鹿壹疋、別府信次郎四才女鹿壹疋五才鹿壹疋、深水鉄三郎二才鹿壹疋、柳沢右源太中鹿壹疋、藤枝勇次郎五才猪壹疋打留也

二月七日

一、初午ニ付在塾之もの江御酒御赤飯被下置候、右ニ付一統御台所迄罷出御礼申上候事

二月八日

一、竹田作郎着致候事

但山木村半左衛門方江旅宿致候事

二月九日

一、三浦佐太郎内用有之候ニ付帰宅いたし候事

二月十日

一、四ツ過ゟ江梨山江御狩御出立被遊、塾中一統御供致候事

但藤枝勇次郎此度も御供致候事

一、竹田作郎今日出立いたし候事

一、三浦佐太郎参塾之処御狩御出立跡ニ付直様出立口野村ゟ御供致候事

二月十三日

一、三浦佐太郎内用有之江梨山御小屋ゟ帰宅致候事

二月十七日

一、井狩作蔵江梨山御小屋ゟ江戸表江出立致候事

二月廿二日

一、江梨山御狩ゟ夕七ツ時御帰被遊候事、御狩中御獲物合拾六疋内先生大鹿壹疋四才猪壹疋御打留被遊、其外塾中ニ而服部峰次郎二才鹿壹疋、宮山千之助スル壹疋、津田十郎二才鹿壹疋打留候事

二月廿四日

一、奈古谷村畑け山御林御狩有之候

二月廿六日

一、山木村殿林ゟ奈古谷村辺迄御狩有之候也

二月廿八日

一、金谷村寺山ゟ長源寺山辺迄御鹿狩有之候、猪壹疋宮山千之之助打留之事

同　廿九日

一、宮山千之助帰宅之事

三月朔日

一、服部峰次郎帰宅之事

三月二日

一、二尾稲荷御祭礼ニ付在塾之者江赤飯被下置候、為御礼御台所江罷出候事

一、夜ニ入服部峰次郎参塾之事

三月三日

一、朝上巳之御祝義在塾之者一統麻上下着用ニ而申上夫ゟ御台所御長屋江も申述候事

一、同日奈古谷村御狩江御出之事
但藤枝勇次郎在塾之仁と同様ニ罷出候也

三月四日

一、大先生御用ニ付松国弥八郎、深水鉄三郎両人在所江罷帰候事

三月六日

一、早朝ゟ奈古谷村山江御鹿狩御出被成候、松国弥八郎、深水鉄三郎昼比着致候
大先生御鹿狩御留主ニ付直様奈古谷山江罷越候也

三月七日

一、昼後ゟ御狩御出被成候、大先生猪壹ツ御打留ニ候
但御近辺也

三月九日

一、三浦佐太郎、宮山千之助参塾之事

三月同日

一、在塾之者一統於御書院御酒田楽其外山海之珍味頂戴之事
但御礼御台所江申述候

三月十日

三浦佐太郎
服部峰次郎
宮山千之助
松国弥八郎
別府信次郎
深水鉄三郎

右六人之者御皆伝被成下候ニ付麻上下着用ニ而於御書院致奥儀誓詞御礼申上候事

三月十二日

一、今日伺済之上塾中一統御台所壹両人金谷村和助方江牛之子見物ニ罷越候事、出八ツ時比帰塾七ツ時頃之事

三月十八日

(以下二十三日まで万葉仮名風に一字一音の表記をしている。之を本日記の一般的表現に従い仮名交り文になおした。但し解読不明の部分は原字をそのまゝ記し、よみ方の私案を(　)内に記した。)

一、十八日　朝五ツ半時頃御出立ニテ於之路夜麻(オシロヤマ)安左衛門方御宿ニテ猪鹿御狩ノ山山、獲物左ノ通り

一、十八日　大沢山、さくらケ沢、井戸ケ洞、御狩有之、獲物

無シ

一、十九日　ほむほら山、みふく沢、しらさわ山、侍無乃侍の洞、モットモ侍無乃志の洞御狩ノ節雨降り伊多須（致ス、出ス）事、

一、ほむほら山にて猪一疋打留深水鉄三郎

一、廿日　風雨ニ付御狩無之休息ノ事

一、廿一日　河内山、ほらケ沢、なつやけ山かみのたい、御狩コレアル

一、ほらケ沢ニテ大女鹿一疋打留長沢鋼吉

一、廿二日　袁呼之波夜万（山）いぬほら山、手芝呂也万（山）御狩有之、獲物ナキ事

一、廿三日　御帰りがけ、具志呂夜万、益山、御狩有之、獲物ナシ、韮山御屋敷江御帰、夕七ツ時前、御狩中、天伊里（出入カ）六日ノ中御獲物都合猪鹿二疋打留之事

（万葉仮名風の表記は右まで）

一、御狩中安左衛門居宅御宿ニ相成候ニ付先生より金百疋塾中より金子百疋遣可申事、尤御猟宿中馳走振ニ蕨、里芋茨（ママ）之胡麻和、蕗、琉球芋、蘋、夜分御茶之□□（ムシ）茹栗出し可申事如件

三月廿七日

一、五百目カノーン五町場三町場二ケ所ニ而稽古打有之事、尤五町場ニ而（の）節壹ばんゟ七ばん迄八ばんゟ二拾四ばん迄ハ三町場之事

但シグルーヱインデノ事

覚

一、金貳朱と銭三百九拾文（長サ二間 三寸五分角）八本

一　銭百五拾文（長サ九尺 四寸角）壹本

一　同五百文　松壹寸板四枚

一　同百六拾四文　杉板貳枚

一　同百四十八文　四寸釘三拾六本

〆金貳朱と銭壹貫三百五拾六文

一　七匁五歩　角場人足 貳人半久助

一　三貫文　角場人足 鉄砲人足 合拾人

惣〆金壹分と銭四貫三百五拾六文

右稽右之節入用之事

但シ此代金同月晦日金谷村久助と申者ニ差遣し候事

四月朔日

一、田中山御林并長源寺山辺御狩有之候事

四月三日

一、小田原様御用人大久保隼之助殿被参候、右為御馳走於御馬場百五拾目カノン早打有之、但貳放

一、一瀬大蔵同豊彦塾之事

四月四日

一、先日五百目カノーン稽古打之節田畑荒候手当申出候ニ付書出之通遣候

一　壹貫貳百文　矢先畑荒

一　貳百文　打場畑荒

右之通ニ御座候

四月六日

一、一瀬大蔵御皆伝被成下候、右ニ付麻上下着用於御書院奥儀誓詞仕畢而御礼申上候事

一、於八町場ハントモルチール稽古打有

但壹人壹放ツヽ都合七放

罷出候面々

三浦佐太郎

服部峰次郎

宮山千之助

松国弥八郎

別府信次郎

深水鉄三郎

一瀬大蔵

一、紀州様御逝去ニ付鳴物七日普請三日御停止被仰出候事

四月十八日

一、口野村江御殺生御出塾中不残被召連、但津田十郎不快ニ付柳沢右源太看病として残る、深水鉄三郎風邪ニ付不参

同　廿五日

一、昼後ゟ金堀山七面山猪御狩

但津田十郎病気柳沢右原太看病として御留主居

壬四月五日

一、昼時天城山鹿御狩御出起塾中御供、一瀬大蔵津田十郎両人相残

一、菅引村江御一泊被遊候事

壬四月六日

一、菅引村御出立奈良本山奥御小屋江御着被遊候事、途中にて御狩一度有之候事

壬四月七日

一、夕刻片瀬海岸一里程沖へ異国船渡来之旨同村役人夜五半時比注進罷越候ニ付早速御小屋御出立、九ッ時過同村江御下り、夫より御乗船之処船差出し兼候由役人共申出候ニ付明六時頃白田村江御越八日早朝白田村　御乗船八幡野村江御着ニ而同村医師春庵宅へ御一休、夫より冷川峠御越ニ而御帰館日暮ニ相成候事

一、三浦佐太郎、宮山千之助、松国弥八郎、別府信次郎、深水鉄三郎早速帰国致し候事

一、一瀬大蔵、一瀬豊彦、津田十郎、柳沢右原太、夜八ッ時頃御備場迄出張ニ罷越候事

壬四月十三日

一、異国船下田浦へ渡来之旨注進有之早速御出張被遊候事、其時御門前江御見送り致し候事

壬四月廿五日

一、服部峰次郎帰国致し候事

壬四月廿六日

一、三浦佐太郎、宮下千之助、為御機嫌伺罷越候事、早速帰宅

一、松国弥八郎、別府信次郎、深水鉄三郎、参塾致候事

壬四月廿七日

一、天城山御狩御出立被遊候事、尤服部峰次郎義少々不快ニ付御供不仕候事

同四月廿八日

一、加殿村次郎左衛門宅江御一泊被遊候事

同四月廿九日

一、御小屋江御着被遊候事

一、服部峰次郎快方ニ付出立致し候事、尤管引村江一泊翌日御小屋江着候事

五月八日

一、津田十郎、柳沢右原太参塾致し候事

一、御狩より御帰被遊候事、右御狩中御獲物猪鹿合て九疋内鹿壹疋服部峰次郎打留候事

五月十日

一、尾張様御逝去ニ付鳴物七日普請三日御停止被仰出候事

五月十三日

一、堤勘左衛門義病気ニ付先年より出府致居候処此度本復致し候旨参塾致し候事

五月廿日

一、先生此頃御不快ニ被為在候ニ付為御機嫌伺塾中不残申上候事

五月廿四日

一、友平栄着候事

五月廿五日

一、先生御病気ニ付御機嫌伺として一統申上候也

五月廿六日

一、先生御不快ニ付為御機嫌伺在塾之者申上候

五月廿七日

一、先生御不快ニ被為在候ニ付御機嫌伺不残申上候

五月廿八日

一、先生御病気ニ付一統御機嫌伺申上候也

一、先生御病気御全快ニ付御出勤被遊候也

一、肥田波門、岩倉鉄三郎両人着候事

但し肥田波門は郷宿江逗留也

五月廿九日

一、友平栄出立之事

六月朔日

一、暑中御機嫌伺在塾之者市川来吉ヲ以申上候事

但シ御台所江も申述候也

六月五日

一、一瀬大蔵同豊彦参塾

六月六日

一、岩倉鉄三郎製薬入用桐見極として三島宿迄伺済之上籤当りに而早朝ゟ罷越昼後罷帰候事

一、同日明七日大筒稽古打有之候間三丁場打場所地形相直シ候人足并台場新規拵申付候処夕七ツ時頃出来致候、且明日は早朝ゟ之稽古打ニ付御鉄砲仕掛置候様御沙汰ニ付則打場江出置候、然ル処今夕五百目カノーン四発稽古打有之候

但五百目之儀は　御拝借筒ニ付夜中等番不仕哉相伺候処夫ニ不及候よし御沙汰御座候、尤御筒之儀は板ニ而覆し候、矢見之儀は例之通雄助江相頼候事

一、同夜明日は沼津御家中土方縫殿此度拝見被致候ニ付而は打場手続宜高声等相慎都而不見若様一同相心得居候様被仰聞候

但し明朝出刻之儀は未明ニ打場所江被出候様御沙汰御坐候

六月七日

一、於三丁場五百目グルーヱインデコーゲル十四発稽古打有之候、的九尺四方角中り五発

但朝六ツ半時頃ゟ打始四ツ時過相済候事打場ゟ壹丁半程前
目之方ニ而土方縫殿拝見之事
一、同日市川来吉ヲ以一同御礼申上候事
六月八日
一、三島宿ゟ桐苧屑取寄候ニ付当所之馬壹疋相頼候事
一 桐丸太四把 此 代 四百三十貳文
一 苧屑壹貫目 此 代 五百十九文
一 馬壹疋 此賃代 貳百六十四文
一、同日夕宮山千之助姉大病ニ付帰宅之事
六月九日
一、去ル七日焼キ玉稽古打ニ付入用左之通り相払候事
覚
一 銭五百文 佐次兵衛畑
一 同五百文 亦蔵 畑
一 百文 岡右衛門畑
三口〆銭壹貫百文 右畑荒シ手宛之分
一 銭壹貫四十八文 人足三人半
是は大工久助江目当角組建申付候分
一 銭八百文 打場所繕鉄砲持出し共 人足四人 壹人ニ付貳百文宛
一 銭五百三拾貳文 鉄砲台持出し 人足四人 壹人ニ付百三十貳文宛
一 銭壹貫六拾四文 鉄砲持込 人足八人 壹人ニ付百三十貳文宛
一 銭百文 打場所繕入用 明キ俵
一 銭貳十文 縄
五口〆貳貫五百貳拾文
此金壹歩貳朱ト銭百貳拾文
右人足拾六人分 外俵縄代共
一 金壹両ト銭五百四拾文 五百目鉄玉拾三
但シ壹ツニ付五匁宛
一 拾貳匁五分 杉三寸五分角五本
一 拾八匁 松板貳間数不知
一 銭壹貫九百文 五寸釘百八十本
一 九匁 手間三人
一 貳百六十文 駄賃
五口〆金三歩貳朱ト銭七百七拾六文
是は大工熊蔵へ打場板敷申候分

一　八百文　　人足八人
是は鉄砲持人江玉堀相頼候ニ付賃銭儀雄助江見合候
処少々ニ而宜敷候由申出候間一統申談之上
一　五百文　　雄助江
是は同人江両日矢見相頼其外打場溝ふさぎ之板借用
致候ニ付差遣候
惣〆金貳両壹分ト
銭四貫八百九拾貳文
六月十一日
一、朝宮山千之助参塾
一、三浦佐太郎夕刻帰宅、深水鉄三郎悴病気ニ付同刻帰宅
六月十四日
一、朝三浦佐太郎参塾
一、昼後山木村雄助罷越先達而大筒稽古之節玉堀人足江之手当
并同人江之手宛余り過分ニ付ケ様ニ頂戴致候筋は無之由申出
候間已後之例ニは不相成候由申聞受納為致候事
一、同日夕三浦佐太郎帰宅
六月十八日
一、三浦佐太郎帰塾之事
一、同夕刻ゟ虫送りニ付塾中一統罷出百五拾目カノーン貳拾壹
発四所ニ而放ツ同役割
火縄持之(カ)　肥田波門
ヒユル　三浦佐太郎
カルマ　宮山千之助
合薬持　津田十郎
六月廿四日
一、合薬制薬研ヲロシ始り
一、今朝俄ニ壹丁場角打被仰出三尺貳寸角新角出来八ツ時頃鋳
物師場ゟ南之方山手ニテ塾中御台所之衆とも一所
先生御見分之事
六月廿四日(ママ)
一、夕刻攝籌院様江戸ゟ御帰着ニ付塾中一統御悦礼申上候事
六月十八日(ママ)(廿八日カ)
一、狩野川御釣塾中御供被仰付九ツ半比御出、河原にて御酒汁
被下候事、御帰暮六ツ時即刻御礼御台所へ申上候
七月三日
一、今日火薬製終ル
同　六日

一、服部峰次郎朝帰国夕刻帰塾之事

一、友平栄帰塾之事

同　七日

一、如恒例麻上下着用当日之御祝儀申上夫ゟ御長屋中廻勤致候

七月十二日

一、三浦佐太郎、宮山千之助昼後帰国致候

同　十三日

一、御台所御中間共江為取方是迄暮斗ニ候処此度盆ニも被下度塾下男仁兵衛より申出候ニ付相談之上当年ゟ盆も金貳朱為取方取斗候

同　十六日

一、今日昼前城山御狩塾中不残罷出候

同　十七日

ブラント其外初而之者先生江御礼申上ル

同　廿二日

一、明六ツ時より八町場江罷出五ツ半以前ゟ打出し廿四ホントホウキツスル七放十六本ンテンステエンモルチール七放同筒ニ而ブラントコーケル壹放ダンプコーケル壹放夫ゟ三町場江移り小形ホウキツスルニ而ホルレブラントコーケル四放夜ニ入モルチールニ而リクトコーケル貳放稽古有之候（以下割注）

ホウキツスル貳放黒玉、リクト貳放共ニ黒玉

但ホウキツスルは川越御筒、モルチールは沼津御筒ニ候処最初貳放ツヽハ様シ打之訳ニ有之候事

同　廿三日

一、瀧尾山御鹿狩塾中御供致候処三浦佐太郎、一瀬大蔵、堤勘左衛門ハ相残候

一、同日モルチールホウキツスル等初而稽古致候者ゟ先生江神酒貳升献呈いたし候

但シ初而稽古致候者は以来共ニ貳升限り献候筈尤貳升ゟ少キハ心次第何人ニ而も貳升ゟ多クハ不相成定ニ候事

同　廿四日

一、夜中十六ホンテン石臼砲ニ而リクトコーケル貳放稽古打有之候但し八丁場ニ而

一、右稽古相済候後昨日献候神酒御開ニ相成一同頂戴被仰付候、但し御書院ニおゐて御伝授免許無之者ハ頂戴無之候事

同　廿五日

一、一瀬豊彦、堤勘左衛門カノン御伝授御免許麻上下ニ而御礼申上候

一、昼後角場脇ニ而壹町半斗之所ニ三尺角を懸ケダライハス稽古有之候事

七月廿七日

一、今朝肥田波門、岩倉鉄三郎江戸表江出立致し候事

一、角場脇より城山江壹町半斗之処ニ三尺貳寸角を懸ケ五拾目長筒稽古打有之候事尤昼頃より有之候事

七日廿八日

一、夜四ツ時過より口野村へ御釣御出被遊候ニ付御塾中御供被仰付候、早刻罷越申候、尤一瀬大蔵、津田十郎、堤勘左衛門は明朝御跡より罷越候事

七月廿九日

一、今朝より船中に於て御釣被遊則一統江御酒御吸物等被下置候、夜五ツ時頃御帰ニ相成候事、御帰後御土産之御肴友平氏ヲ始一同江被下置候ニ付御礼申上候事

七月晦日

一、夕刻深水鉄三郎参塾致し候事

八月朔日

一、如恒例八朔之御礼申上候、夫より御長屋中廻勤致し候事

八月四日

一、昼後角場脇ニ而壹町半斗之処ニ三尺貳寸角を懸ケジュッペルハーク稽古打有之候事

同　五日

一、深水鉄三郎フラント製薬初而ニ付御礼申上ル

同　六日

一、津田十郎、柳沢右源太、一瀬豊彦、堤勘左衛門四人ゲスイントペイプ初而製候ニ付御礼申上候事

同　七日

一、友平栄母大病ニ付急出立いたし候事

同　九日

一、七月中角前稽古員数取調書上候事

八月十二日

一、一瀬豊彦、堤勘左衛門トントル製初而ニ付御礼申上候事

八月十三日

一、畑毛山御狩一統御供之事、夕刻御帰

八月十四日

一、八幡宮江之奉納角壹寸八分一同出席打之申候

一、夕刻八町場江モルチール持出し候

八月十五日

一、八幡宮祭礼ニ付御赤飯一同江被下置候事

一、於八町場モルチール稽古打有之

沼津三人小田原三人会津壹人出席いたす、ホンベン七玉フラント四発打之

一、昼後於三町場クルーヱインデコーゲル稽古打一同罷出候

一、深水氏初而ニ付先生江神酒貳升献上ス

八月十六日

一、昨日稽古打玉着調ニ三浦、別府、深水参ル

一、御借物品々以書付相納申候、尤森田貞吉江相渡ス

八月十九日

一、一瀬豊彦今朝出立ニ而国元江参候事

一、天城山江為御狩昼後ゟ御出立同夜加殿村江御泊、一瀬大蔵、堤勘左衛門は御供不致候事

八月廿日

一、天城山御小屋江御着、尤先生は途中ゟ直様泊山江御出被成候事

八月廿五日

一、宮山千之助於御小屋不快ニ付三浦佐太郎附添八幡野村春庵方江罷越ス、尤先生は一ノ沢ゟ泊山ニ御出被成候得共望月大象江相謁罷趣候事

八月廿七日

一、天城山御小屋御出立同夜六ツ半時頃御屋舗江御着、右御狩中　先生大鹿壹疋大女鹿壹疋御打留、安左衛スル壹疋打留候

八月廿九日

一、三浦佐太郎義宮山千之助不快ニ付八幡野村肥田春庵方附添参居候処少々様子宜敷候間帰塾致候事

九月朔日　夜

一、夜五ツ過頃ゟ口野村江御釣御出之処在塾之者今晩参候者は御供致し明朝参候者は御跡ゟ参候様御沙汰有之候ニ付三浦佐太郎、服部峰次郎、松国弥八郎、深水鉄三郎、御供其余は明朝参候積り

一、三浦佐太郎母病気ニ付口野村ゟ直様帰宅いたし候事

一、口野村江御供之面々於格左衛門宅御酒御肴被下其余今日参り可申之者は雨天ニ付参り不申候、夕七ツ時頃御帰館御供之三人御台所迄御礼ニ罷出候事

九月五日

一、朝五ツ時頃江梨村御狩御出立之事

但一同御供

九月十一日

一、七ツ時頃江梨村より御帰有之候、御狩中獲物左之通、山田熊蔵鹿壹疋、長沢鋼吉鹿貳疋、猟人勇助鹿壹疋、犬食留猪ノ子壹疋、都合五疋

九月十七日

一、松国弥八郎内用ニ付在所江罷帰る也

同日夕

一、服部峰次郎帰宅之事

九月十八日夕

一、服部峰次郎参塾之事

同廿一日夜

一、此間伊豆駿河辺盗賊有之由ニ而御家来衆捕方として所々江被遣候処四十人程徒党致し鉄砲等持之令横行御形右捕方ゟ注進申来り候、仍而ハ塾中之者共他へは不相遣候得共万一爰許江押込候節は打捕候ため無油断込筒ニ致管を懸置差図次第打捕候様被仰聞候、今晩一統玉ヲ込管を懸候而打斗ニ備置候事

同廿二日夜

一、先生も御出張ニ相成候ニ付一統御門前迄御見送として罷出候事

同廿三日

一、深水鉄三郎義兄梅名村江罷越居内用有之候ニ付願済之上罷越候事、同夜九ツ時比帰宅也

酉
十月一日

一、九月廿三日御検見御出立之処盗賊之義ニ付俄ニ廿二日夕御出立ニ而其ゟ直ニ御検見御行之趣ニ而十月一日暮時御帰、塾中一統例之通り木戸際迄出迎ひ可申事

酉
十月十四日

一、御会式餅塾中一統江被下置候事

十月十六日

一、今夕方宮山千之助帰塾之事

十月廿一日

一、鍋島肥前守様三島宿御止宿ニ付先生九ツ半過ゟ三島宿江御出被遊御門前木戸際迄塾中一統御見送り夜四ツ半過御帰りニ相成右門前迄御出迎申候事

十月廿四日

一、松国弥八郎帰塾之事

同　廿六日

一、昼ゟ寺山御鹿狩塾中御供致候

一、同日初而水車ニ而火薬製致候

同　廿八日

一、江梨山御鹿狩明六ツ時御出起塾中御供但一瀬大蔵相残候事

十一月八日

一、今日江梨より御帰り御狩中御獲九ツ内三ツ塾中打留

同　十一日

一、八町場ニおゐてハントモルチール町打有之、其以前津田十郎、堤勘左衛門、柳沢右原太御皆伝御免許蒙仰町打済候後麻上下ニ而奥儀誓詞差上ケ御礼申上候

但初而之業致候ニ付例之通神酒弐升右三人ゟ先生江差上候事

十一月十四日

一、宮山千之助帰宅

十一月十五日

一、三浦佐太郎参塾

十一月十七日

一、天城山御狩御出立被遊候、尤一瀬大蔵、松国弥八郎、堤勘左衛門相残

一、梅木村江御一泊被遊候事

十一月廿四日

一、宮山千之助参塾

十二月朔日

一、天城山御小屋御出起梅木村江御一泊被遊候事、右御狩中御獲物猪鹿合セて拾疋内中鹿壹疋スル壹疋市川来吉打留、中鹿壹疋服部峰次郎打留、大女鹿壹疋猪之子壹疋別府信次郎打留、女鹿貳疋犬取、長スル鹿壹疋矢田部卿雲打留、大鹿貳疋勇助打留候事

十二月二日

一、梅木村御出立昼時頃御帰館御供之面々も帰塾

十二月四日

一、於八町場ハントモルチール稽古打但三発一同罷出相済而御礼申上ル

十二月五日

一、江梨村御狩御出立一同御供、但松国弥八郎、一瀬大蔵、津田十郎残ル

同　八日

一、御休

同　九日

一、井田山御狩、同所弥吉方御泊

十二日十日　月

一、井田ゟ江梨御小屋江御帰

同　十五日

一、昼後ゟ御小屋御出立夜ニ入韮山御屋敷江御着

一、御狩中獲物猪鹿共十三疋

打留名前

大鹿壹疋　　先生

大女鹿
大　鹿　壹疋　服部峰次郎

女鹿　壹疋　別府信次郎

大女鹿壹疋　宮山千之助

大女鹿壹疋　堤勘左衛門

猪之子壹疋　長沢鋼吉

スル鹿壹疋　山田熊蔵

女鹿　貳疋　井田村弥吉

女鹿　壹疋　安左衛門

猪　壹　疋　犬

十二月十八日

一、御近所山御狩ニ而朝四ツ𠀋頃御出ニ而はた山御狩、たつまへ廻り候内尤狩入不申内雨降出し候得共一狩ニ而夕七ツ時頃御帰館ニ相成ル

十二月十八日（ママ）

一、三浦佐太郎帰宿致し同夕刻帰塾之事

十二月十九日

一、三浦佐太郎、宮山千之助帰宿、同夜ニ入服部峰次郎帰宿致し可申事

十二月廿日

一、松国弥八郎、別府信次郎帰国之事

十二月廿一日

此御猪狩廿三日之分

一、御近所名古や山うしがほら山所々御猪狩有之、猪之子五ツ兎壹ツ犬取申候事、尤朝四ツ時頃御出ニ而御帰薄暮時之事

十二月廿一日（ママ）

一、三浦佐太郎、服部峰次郎、宮山千之助参塾致し夜ニ入三浦、宮山帰国致候事

十二月廿二日

一、節分ニ付御当家御家中御祝義被申上塾之衆ハ如何哉と申事御坐候処是迄節分ニは御祝義不申上候段御答申上候、若様塾江御祝義ニ御出被下置候得とも別段塾中ゟ御挨拶ニ参り不申候事

十二月廿三日

此御猪狩廿一日之分

一、御近所大石ほらゟ御林御猪狩ニ而猪子壹ツ犬取申候事、尤御出朝四ツ時頃御帰夕刻過之事

十二月廿四日

一、深水鉄三郎帰国之事

十二月廿五日

一、来春大筒初ニソントニテリクトコウケルニポヘン打可申ニ付薬拵ニ掛り可申候事

一、右玉拵同廿九日ニ出来可申候事

十二月大晦《ヲミソカ》日

一、今日夜ニ入歳末之御祝儀在塾之者一統、服部、堤、柳沢、津田可申上候事、尤御長屋中へも御祝儀申入候事

右ニ而酉年、千里同風目出度仕舞候事

嘉永三年

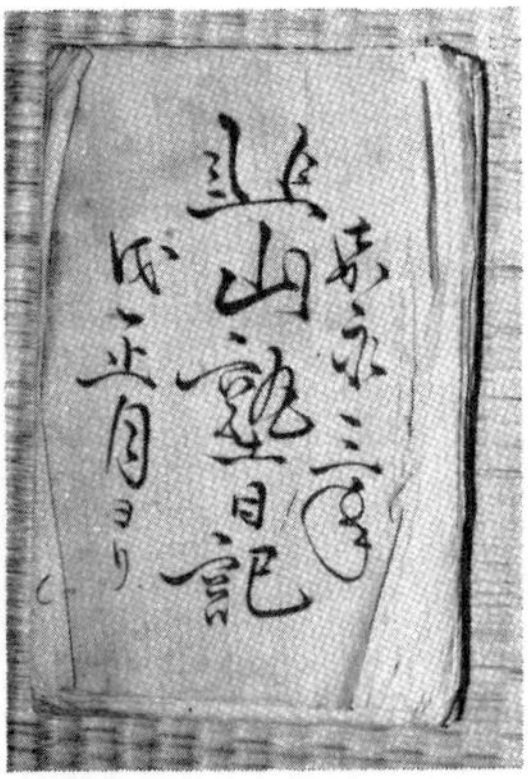

正月元日

一、在塾之面々麻上下ニ而年頭御礼可申上候事、尤御台所御長屋へも年始ニ参り申上候事

服部峰次郎

一瀬大蔵

津田十郎

堤勘左衛門

柳沢右原太

一、小筒稽古始ニ而在塾之面々御台所御長屋之衆麻上下ニ而八寸角三発ツ、目出度相済申候事

一、鍋島様タライハス鋳物師之所ニ而二ツ玉ニ而様打有之候事

正月二日

一、大筒稽古始有之候事、但しハントモリチル二町場ニ而三発、三町場ニ而三発、四町場ニ而壹発、リクトコウケル二発、四町半場ニ而二十四ボントホウイッスルニ而ドロイフ二放、八町場ニ而亦ハント五発、都合ハント十二放、リクトコウケル二放、ドロイフ二放、合十六放有之

一、夕刻前在塾之面々江御酒御吸物被下置於塾ニ頂戴仕候事、良斉御礼申上候事

正月三日

一、大筒運ひ人足十人内へ勇介相加へヤミニ遣し置候事

一、昨日之大筒玉着見分ニ勇介を加へ改メニ参り候事

一、昼後ゟ御近所山木御林御狩有之猪子壹疋犬取夕刻御帰館之事

正月四日

一、三浦佐太郎、宮山千之助御年始御礼として参塾直様夕刻頃両人共帰国いたし候事

正月五日

一、松平肥前守様御家中本島藤太夫鉄砲御用ニ而韮山表へ罷参候事、但しタライハス請取ニ被参候由

正月六日

一、朝五ツ半時分御出立ニ而江梨山御鹿狩ニ御出立之事、尤塾ニ而堤氏残り跡四人御供之事、鍋島様御家中本島藤太夫御狩御供被致候事

同　六日

一、御狩中御獲物猪鹿合四ツ内猪子壹疋犬取

八日　四ツ女鹿壹疋先生打留

同八日　大女鹿壹疋森田貞吉打留

九日　大女鹿壹疋柳沢右源太打留

十日　無御狩直ニ御帰ニ而韮山表へ八ツ半過御帰館之事

正月十一日

一、御かゝみひらきニ而塾中一統へしるこもち并御酒御吸もの御取肴被下置上下着用ニ而頂戴仕候、後直ニ長沢鋼吉ヲ以御礼申上候事

一、本島藤太夫殿へタライハス御渡しニ相成候節鑚立ニ相成り塾中拝見致候事

一、本島藤太夫殿タライハス請取、江梨山ニ而先生打留之鹿壹疋肥前守様へ先生ゟ被遣候由ニ而請取退出被致候事

正月十三日

一、三百七拾匁　火薬
一、百拾匁　〃
一、九拾匁　〃

右昨十一月十一日ハント稽古打之節先生ゟ拝借仕置候合薬今日望月大象ヲ以御返納仕候事

一、鉄玉　十七
一、ボイセンスタンフル　三本
一、スラーケル　壹ツ
一、ホルム　壹組
一、ドロイフコウケル

右五品森田貞吉ヲ以相納申候事

（次は右の記録と関係のある切紙のメモで、日記中にはさまれていたものである）

先生ゟ拝借火薬

一、三百七拾匁壹袋　内百目残
　貳百七拾匁借用
一、百拾匁壹袋　内七拾匁残
　四拾匁借用
一、九拾匁壹袋　細粒
　不残借用

十一月十一日ハント之節

二月二日

一、別府信次郎、深水鉄三郎参塾之事
　正月（ママ）十四日
一、朝五ツ半時分御出ニ而天城山へ御狩之事、其日菅引村御泊り、翌十五日菅引ゟ天城山へ登り申候、大雪ニ而膝当り迄雪積り有之、其日もんせん山御狩有之、廿五日ゟなら本村友介宅御宿ニ而さと山御狩有之、晦日御小屋へ上り朔日ニ赤沢村へ行赤沢山御狩り有之、同村名主ニ一宿被遊御狩有之、二日八幡村御越秋□寺ニ一宿被遊候而翌三日御帰掛ケ此村ニ而御狩有之、韮山へ御帰館夜六ツ半過之事、御狩中御獲物猪鹿合て二十一疋其内打留人数
一、鹿三疋　先生
一、鹿壹疋　八田兵助
一、同貳疋　矢田部卿雲　壹ツ赤沢村ニ而打留

一、鹿二疋　雨宮新平　里山ニ而打留
一、同五疋　服部峰次郎
一、同二疋　藤枝勇次郎
一、同壹疋　津田十郎　里山ニ而打留
一、同壹疋　門の次郎左衛門
一、鹿壹ツ猪三ツ〆四疋　犬取
〆　猪鹿合て廿一疋

二月八日
一、江梨山へ御狩ニ御出五ツ半時頃大風ニ而口野村ゟ出帆難成名主角左衛門方御泊ニ可相成候処産穢有之候ニ付同村永留寺御泊りニ而翌九日御出帆ニ相成高浪之事、御狩中大風ニ而ろく〳〵御狩難成同十七日御小屋より直ニ御帰、江梨村ゟ御乗舟南風強く高波ニ而俄ニ空恐敷有之処良時ニ口野村へ着舟致し漸く人心地致し申候事、韮山へ御着昼吃頃之事
御狩中御獲物猪鹿三疋内大女鹿壹疋山田畑蔵打留猪子二疋犬取申候事、此度猟人御連れニ被成犬ひき金谷村林蔵御雇ひ御連被成候事、堤氏病気ニ而在塾之事

二月十六日
一、宮山千之助参塾之事

二月十八日
一、早昼時比ゟ御近所山木村山御狩御出被成候而御帰夕七ツ半時頃、御獲物猪之子二疋内壹疋柴弘吉打留之事、壹疋犬取之事

二月十九日
一、朝五ツ半吃頃御出ニ而御近所名古屋山御狩ニ而御獲物無之夕七ツ七分五厘頃御帰之事

二月廿日
一、若様御疱瘡被遊候ニ付塾一統御機嫌御伺申上候事
一、若様御疱瘡御湯拭ニ付御祝有之候ニ付塾中江御赤飯被下置候段八田兵助殿御達有之直様於塾ニ頂戴仕候事、尤御混立菓盆ニ御赤飯於平ニ焼玉子〆豆腐午房千大根芋〆而五品鰹入御生酢白毛大根刻胡蘿蔔魚入皿ニ入る小皿ニ胡麻塩右之次第ニ有之頂戴相々（早々）御祝御礼申上候事、但平服之事

二月廿七日
一、江梨村鍛治屋由兵衛手舟拵申度就而は御合力奉願候由、右は先年も願出候処其節は塾中之者之高割ニ而百石百疋之積ニ而差出候処船も出来不致ニ付割戻しニ相成申候、此度右之振合ニ准し御出金可被下候様八田兵助申聞候、然処百石百疋之

割合と申にも不及銘々百疋ツ、差出可申一統談合ニ而早速八田氏へ相渡申候、出金之面々左之通、三浦佐太郎、服部峰次郎、一瀬大蔵、松国弥八郎、別府信次郎、深水鉄三郎、津田十郎、柳沢右源太、堤勘左衛門、宮山千之助都合拾人金貳匁貳分ニ御座候

三月二日

一、二尾稲荷大明神御祭礼ニ付例之通御赤飯塾中へ被下置候、頂戴後御礼申上候

三月三日

一、上巳之御祝義一同申上候

三月五日

一、松国弥八郎参塾之事

三月八日

一、岩城伊豫守様御家来両人当御屋敷江無断して罷越其上鉄砲口経幷ニ寸尺等取居候間其筋江も可申聞歟談中ニ藤枝松岡江申聞右同人直様咎メ申候、以来右様之者共罷越候節御台所之衆詰合も無之候ハヽ、相心附呉候様此段松岡正平殿エ申達候事

三月廿日

一、津田十郎、堤勘左衛門、柳沢右原太、相州上宮田江出立之事

三月廿一日

一、深水鉄三郎出立之事

三月二十四日6

一、松平肥前守様御家中本島藤太夫当時逗留之事

三月廿六日

一、三浦佐太郎参塾

三月廿七日

一、昼、諦観院様御年回ニ付塾一同江二ノ膳付御料理被下置候、直様御礼申上候事

但清服ニ而頂戴之事

三月廿八日

一、早朝三浦佐太郎、服部峰次郎、宮山千之助、一瀬大蔵相州高座郡南郷ニおゐて井上左太夫様大砲御稽古打為拝見出立之事

四月五日

一、五十封度臼礮製薬ニ取掛り候事

四月七日

一、朝本島藤太夫江戸表江出之事

一、夕深水鉄三郎参塾
四月八日
一、昼より於八町場ニ五百目カノーン拾三発稽古打有之候事
四月十三日
一、夜八丁場ニおゐて五拾ポンテン黒玉ニ而様打壹発有之候事、玉着奈古屋村蛇石辺
四月十四日
一、夜於八丁場五十ホンテン黒玉ニ而様打壹発有之、玉着山木村御林内
四月十五日
一、昼深水鉄三郎帰宅之事
四月十六日
一、昼後三浦佐太郎、服部峰次郎、宮山千之助、一瀬大蔵参塾
同　日
一、八丁打場より出丸之方五十ポンテン様打有之
同　日
一、夕宮山千之助帰宅、深水鉄三郎参塾
四月十九日
一、五十封度沼津表江差出候事

一、夜ハンドモルチール様打三発有之候
四月廿日
一、三浦佐太郎、深水鉄三郎近々沼津ニおゐて五十封度様打有之候ニ付右大砲船廻しニ致候間上乗幷打場所木居等受持罷越候
一、一瀬大蔵上総国富津江出立之事
四月廿二日夜
一、ハントモルチール五丁場ニ而稽古打有之候
同　廿三日
一、三浦佐太郎参塾沼津表五十ホンテン打場出来ニ付其旨同人ゟ申上候事
同　日
一、三浦佐太郎、服部峰次郎、松国弥八郎、別府信次郎、沼津表江罷越候事、但松国弥八郎、別府信次郎は小諏訪村名主平左衛門方江止宿致候事、同夜深水鉄三郎も沼津宿ゟ同所江引移候事
同　廿四日
一、暁七ツ時頃　大先生御台所之面々小諏訪村浜江御着有之候
一、朝ゟ五十ホンテンホムヘン八発フラント壹発十六ホンテン

モルチールホンヘン発有之候事

一、同夜口野村迄御船ニ而御屋敷江は九ツ時頃御帰有之候、別府信次郎、深水鉄三郎御供ニ而罷帰候而御礼申上候

同　廿五日

一、三浦佐太郎、宮山千之助、服部峰次郎、参塾、宮山千之助直様帰宅

四月廿六日

一、松国弥八郎小諏訪村ゟ参塾之事

同月廿七日

一、松国弥八郎、別府信次郎、深水鉄三郎、此度一旦引取候様御沙汰ニ付麻上下着ニ而於御書院御礼申上御酒被下置候、右ニ付御台所御長屋江御礼廻致候、松国弥八郎、別府信次郎は直様夕刻ゟ出立致候

同月廿八日

一、小形ホウイツスルスピーケルガラナーテン二一発外ニガラナード貳発合四発於八丁場稽古打有之

但御台所塾打混

一、服部峰次郎従弟大病之旨沼津表ゟ申越候ニ付帰宅いたし候事

五月二日

一、服部峰次郎参塾

一、昼時過深水鉄三郎帰国致候事

但去月二十八日松国、別府、両氏出起之節御用伺有之候ニ付相残候処今朝御用済ニ付出立之事

五月五日

一、端午之御祝儀申上候事

但着服例之通り

一、若様塾江御出ニ付以八田氏御詰座敷迄罷出御受申上候

三浦佐太郎
服部峰次郎

五月九日

一、深水鉄三郎御用筋ニ而小田原より罷越候

一、岩島仙吉事源八郎と改名いたし候段風聴(ママ)有之

五月十一日

一、本島藤太夫参塾尤夜分ハ山木村半左衛門宅江引取候事

一、三浦佐太郎、服部峰次郎帰宅

五月十三日

一、三浦佐太郎、服部峰次郎参塾

一、深水鉄三郎御用済ニ而夕刻ゟ帰国いたし候事

五月十四日

一、本島藤太夫国元江出立致候事

五月十五日

一、三浦佐太郎帰国致し候事

五月十七日

一、三浦佐太郎参塾

一、水野出羽守様御家来芹沢三五郎此度鍛治修行として罷越候処細工所等無之処幸ヒ塾無人ニ付当分之処先生ゟ御沙汰ニ而同塾致居候、尤昼ハ鈴木亀吉方江稽古ニ参り居稽古済次第帰塾致候積ニ取極申候、扨此度初而之義ニ付御長屋江皆勤可仕積ニ有之処　先生ゟ御差留ニ付手代衆江面会之上挨拶致候様取極候事

五月廿一日

一、尾張様御逝去ニ付鳴物七日普請一日御停止被仰出候事

五月廿三日

一、此度海岸御見分有之ニ付　先生御儀藤沢宿迄御出被遊候段今日御出起被為有候間例之通り御門前腰懸向迄御送りニ罷出候面々左之通り

三浦佐太郎
服部峰次郎
鈴木亀吉
藤枝勇次郎
芹沢三五郎

一、先生山中宿迄御出之節御見分之衆日積相延候ニ付夕刻御帰館御出迎として例之通り御門前迄罷出候、尤鈴木亀吉義他出留守ニ付不罷出事

六月朔日

一、友平栄江戸ゟ参着

同　四日

一、右同人江戸表江出立之事

六月六日

一、海岸御見分之御方昨日熱海村御泊ニ付今昼八時頃先生同村へ御発駕被遊候事

右ニ付例之通り御門前左手腰掛向迄罷出候事

六月十六日

一、海岸御見分之御方之内御勘定組頭一人御勘定両人御普請役壹人当御屋敷江御立寄有之候事、尤　先生御同伴ニ而被為入

候、右ニ付御出向ニは不罷出候
一、昼時過御出立有之候事、御立寄之衆御出立之後　先生御跡
ゟ御出有之候ニ付例之通腰掛向迄御見送罷出候面左之通り
三浦佐太郎
服部峰次郎
一、右御立寄以前御沙汰ニ而塾中掃除等致し荷物類取片付御供
侍ニも可相成やニ有之候処其侭御供侍ニも不相成相済候、乍
(ママ)聢右之積取拵候義ニ付塾中をハ明ケ渡シ御客中御台所江罷出
候事
六月十七日
一、朝六ツ時過頃　大先生三島宿ゟ御帰着被成御座候処塾之面々
何も眠中ニ而御帰り之段不存候発眼致し候得は最早御入奥ニ
付五ツ時合事後御機嫌相伺候事
一、安井畑蔵殿を以て暑中御見舞申上候事
六月十八日
一、松岡氏、中村氏塾江暑中御見舞呉候事、塾ゟハ別段御長屋
江は不罷出候事
六月十八日
一、宮山千之助参塾
六月廿日
一、三浦佐太郎、宮山千之助、先ツ一旦国元江引取候事、右小
田原三人引取之節諸事同様御酒御吸物御膳頂戴、御長屋御台
所江不残皆勤致し候事
六月廿六日
一、房司仁兵衛此度塾無人ニ而別段之用事も無之候処浦賀辺用
事等有之且彦根様御陣屋へ罷出御三人様御機嫌相伺度旨昨日
願出候、然る処拙者壹人承り届ケ候義如何も被存候得共包々
塾無人故之義其上当人も皆様御出ニ御座候得は早速途中ゟニ
而も引返し御用相勤候旨且又世話人も有之義ニ付承り届ケ当
分之間暇差遣候事
六月廿八日
一、御簾中様御逝去ニ付御停止被仰出候事
但日限等は追而被仰出候旨御振出し
七月七日
一、普請来ル晦日迄鳴物来月五日迄被仰渡候事
一、七夕之御祝儀例之通り皆勤是又例之通り罷出候面々
服部峰次郎
芹沢三五郎

七月十七日

一、柳沢右源太参塾之事

服部峰次郎
柳沢右原太
芹沢三五郎

七月十八日

一、松国弥八郎、別府信次郎、深水鉄三郎、参塾

但し今晩山木村郷宿江引取一泊致し候事
(ママ)

七月十四日

一、松国、別府、深水、三人之面々八ツ時頃出立帰国致し候事

七月廿四日

一、昼八ツ時比より狩野川江御釣ニ御出被遊候段在塾之面々御供被仰出候処服部峰次郎御供仕候、尤柳沢右源太、芹沢三五郎義は御供不仕候

但柳沢右原太義火薬取片付にて願之上相残、芹沢三五郎義細工中ニ付是又御供不仕候事

七月廿七日

一、大先生御従女子御逝去之様承知仕候ニ付御悔可申上と存候得共聢と致し候義相分兼候間森田氏江一応承合候処未た御幼年ニ而大先生御始若殿様江も御忌服不被為掛候ニ付別段着替等ニは不及候や之段被存候旨同氏ゟ被心付候ニ付平服ニ而於御詰座敷以同氏御悔申上候面々左之通り

服部峰次郎
柳沢右原太
鈴木亀吉

但芹沢三五郎義□痛ニ而着座難相成候ニ付右之趣森田氏江申述引込居候

八月朔日

一、八朔御祝儀例之通り麻上下着用而御礼申上候、若殿様御義態と御来塾ニ付是又早速御伺申上候事、御台所御長屋江も例之通り皆勤御礼申上候面々左之通り

八月二日

一、早朝ゟ口野村江御釣ニ御出被遊候ニ付御供被仰出、服部峰次郎御供仕候事、尤柳沢右源太腹痛ニ而願之上相残芹沢三五郎是又同様細工中ニ付相残り御供不仕候事

八月三日

一、城山御狩として昼前ゟ御出被遊候事

八月六日

一、柏村（柏谷村）山御狩として御出被遊候事
但シ御獲物猪壹疋之事
八月十日
一、城山御狩として御出被遊候事
八月十一日
一、城山御狩として昼後より御出被遊候事
八月十四日
一、狩野川御釣として昼後より御出被遊塾中之者御供被仰出服部峰次郎、柳沢右原太御供仕候、尤芹沢三五郎ハ左ニ記ス通りニ付御供不仕候事
八月十四日
一、芹沢三五郎四ツ時過より三島宿江細工物之地金相求ニ参り候事
八月十五日
一、八幡宮御祭礼ニ付在塾のものへ御赤飯被下置候、尤鈴木亀吉郎、藤枝勇次郎両人共塾におゐて被下置候事、直様森田貞吉ヲ以御礼申上候者也
八月廿一日
一、江梨山御狩として御出立被遊候事
八月廿四日
一、江梨山より御帰被遊候事、御狩中御獲物猪子壹疋犬取之事
八月廿六日
一、今昼後より山田（ムシ）村山御狩之事
八月廿八日
一、天城山御狩として御出立菅引村ニテ御一泊万城御越、奈良本村入御小屋江御着被遊候事
九月九日
一、朝御小屋御出立ニ而御帰り夕刻御屋敷江御着
但し菅引村より御台所之衆同様馬相頼候事右御狩中先生御儀片瀬村入、御林江六日晩御出有之候事、御留守中一晩峰次郎義、森田氏、山田氏同伴ニ而片瀬山炭焼小屋へ罷越一泊、尤前以て先生江相願置候、御狩中御獲物都合五疋内中鹿壹疋柴弘吉、貳才鹿　大先生、大鹿北江間村石井庫之助、貳才鹿柳沢右原太、中鹿後山村猟子安左衛門打留候事
九月十六日
一、塾中処々損候場御座候ニ付一昨日八田氏江承合セ候処相対頼ニ致候而も不苦旨ニ付今日金谷村大工渡辺久助を相頼み手入致し候事

九月十七日

一、障子張替へ致し候事

一、昼時頃肥田波門、岩倉鉄三郎参塾、此度同藩鹿沼泉平殿を伴ひ御門入被相願候処聢と御聞済無之夜ニ入御目通り而已ニテ山木村半左衛門宅江旅宿致居候、肥田、岩倉両氏も鹿沼氏同様右宿へ引取一泊致し候事

九月十八日

一、鹿沼泉平御門入相済入塾、肥田、岩倉両氏是亦同様入塾

九月十九日

一、北江間村矢先山、大嵐山其外両所御狩有之候事、御供之面々左之通り

肥田波門
岩倉銕三郎
服部峰次郎
柳沢右源太
鹿沼泉平

御帰館夕刻、打留候人八田篤蔵也

九月廿日

一、一瀬大蔵参塾

九月廿一日

一、芹沢三五郎ガラムテ之義ニ付台場村(大場村)迄罷越夕刻帰塾

一、夜丑の刻頃柳沢右原太三島宿迄罷越但津田十郎相州御陣屋ニ罷在候処大病ニ付国養生として彦根表江罷帰り候間三島宿通行之節は先生御機嫌伺として御屋敷迄可罷越筈之処大病之義ニ付罷出候義難相成候間柳沢氏面会致し度旨被申越早速出立ニ而三島宿津田氏旅宿迄罷越候事

九月廿二日

一、柳沢右源太三島宿ゟ帰塾

九月廿三日

一、御近辺御狩有之候事

九月廿五日

但鹿沼泉平義風邪ニ而引込居候ニ付御供不仕候事

一、今日御近所御狩有之、七ツ半時過御帰り、御獲物無之事

十月朔日

一、今日近辺御狩有之、御帰り六ツ時頃、御獲もの無之事

同　二日

一、芹沢氏去月廿八日用向ニ而帰宅之所今日参塾致候事
一、フラントリクトタンブ等製作之所、柳沢氏初而之義ニ付相済候上ニ而御礼申上候事
同　三日
一、明日ホーキツスル稽古打有之候ニ付宮山氏今日参塾之事
同　四日
一、今日明ケ六ツ時ヨリ五丁場ニ而ホーキツスルニ而カラムテ二発トロイブ壹発ブリッキトース二発タンプコーケル二発八丁場ニ而カラ八発ブラント二発リプト二発稽古打有之候、七ツ時頃相済夜ニ入御酒被下置候事
一、右ニ付三浦氏立帰りニ而昼時参塾相済候上ニ而直様引返候事
同　六日
一、近日ホンベカノン稽古打之積ニ付硝石入用ニ付一瀬氏、宮山氏沼津表へ伺済之上罷越早速三拾〆程求メ夜ニ入帰宅致候事
一、ホンベカノン有之ニ付木炭今日ゟ製作取掛候事
同　八日
一、御近所御狩有之　先生両三日御ふ快ニ付不被成出、御台所ニ而四五人、塾中ニ而服部、岩倉両人罷越二才猪壹疋山田熊蔵打留候事
一、明日ゟ硝石類製取掛候事
一、今夕刻急ニハントモルチールニ而ゲスモルテントイク御試有之旨ニ付夜ニ入壹発相試し候所至極出来宜敷壹発ニ而相済候事
同　九日
一、御上御中間之セ話ニ而上ゲ土ニ而新平と申もの下男ニ召抱候事
一、先生為御検見早朝御出立服部峰次郎御供相願御免有之出立之事
同　十日
一、御家来衆并塾中同道ニ而ヱチコ山狩有之候事
但一瀬、柳沢両人塾江残り居候事
同　十一日
一、岩倉鉄三郎あじろ湊、鹿沼泉平三島宿江罷越、尤先生御留守中ニ付八田兵助江咄置罷出候事、右ハ大砲川越表江引取ニ相成候ニ付人馬并舟賃取調のため罷越候事
同　十二日

一、彦根様卒去ニ付柳沢右源太先生江相伺候上ニ而是迄之通塾中ニ於て慎ミ罷在候事

同　十三日

一、岩倉銕三郎綱代湊ゟ罷帰候事

同　十五日

一、岩倉銕三郎大筒引取為懸合江戸表江出立致候事

一、御会式餅塾中一統江被下置候事

同　十六日

一、服部峰次郎沼津ヨリ帰塾之事

一、一瀬大蔵、肥田波門、鹿沼泉平、八田兵助江相届古奈の温泉ニ罷越当日罷帰候事

同　十七日

一、先生従御検見御帰之事

一、ハントモルチール二発御試打有之候事

同　廿二日

一、九ツ半時過御猪狩有之江梨村江御出立保之丞様初而御出被遊候事

塾ゟ服部、宮山、鹿沼御供致候事

同　廿三日

同　廿五日

一、八ツ半時過江梨村ゟ御帰被遊候、御獲物鹿壹疋

一、昨夜五ツ半時御男子様御誕生被遊候ニ付今日上下着一統御悦申上候事

同　廿六日

一、七ツ半時過岩倉氏参塾之事

一、今日琉球人来朝ニ付為見物御暇相願九ツ時過ゟ一瀬氏、肥田氏、鹿沼氏三島宿へ罷越ス

同　廿七日

一、琉球人為見物三島宿へ参候面昨夜同宿へ一泊、今日九ツ時過罷帰ル

同　廿八日

一、若殿御誕生之為御悦今日一統ゟ御肴献上致ス

同　廿九日

一、暮六ツ時ハントモルチール御試打二発有之候事

同　晦日

一、御誕生御七夜御祝儀ニ付一統へ御酒御赤飯被下有候事、右御礼上下着申上候事

但柳沢氏上御中陰中ニ付頂戴不致事

藤枝勇次郎同断塾ニ而頂戴致ス事
金児氏今日罷出、尤郷宿ニ罷出候事

十一月朔日

一、宮山千之助帰宅致候事

同　二日

一、江梨山御小屋江雪隠建候入用御台所と塾半々ニ差出候而七人割壹人前三百貳拾文ツ、差出候事

同　三日

一、城山御鹿狩獲三ツ有之
一、昼過多田道壹町半ニ而ホウウィツル目当打有之候事

同　四日

一、多田道壹町半場并ニ八町場ニ而五百目カノングルーイヱンテ十五トイムホウウィツル稽古打有之候
但五百目カノン目当ハ八寸方面之箱之内ニ火薬三貫目入レ打之候
一、友平栄御台所江罷越候事
一、榊原鏡次郎殿御出之事

同　五日

一、榊原鏡次郎殿カノン御伝授ニ罷成候事
一、友平栄門人、備後福山御家中日村治部之進、前田藤九郎両人入塾之事

同　六日

一、日村治郎之進修行之為友平願ニ而十五トイムホウウィツル八町場ニ而カラナート三発町打有之候
一、今日八ツ時過天城山御鹿狩御出立塾中ゟ御供、服部峰次郎、鹿沼泉平、日村治郎之進、前田藤九郎〆四人、肥田波門、岩倉鉄三郎、一瀬大蔵、柳原右原太、芹沢三五郎〆五人相残ル
一、水車小屋焔硝搗賃壹臼ニ付一昼夜百文ツ、ニ而相当可然旨八田兵助ゟ通達有之候ニ付其段水車屋長右衛門江も申聞此度貳臼相用候ニ付一昼夜貳百文之割ニ而賃銭相払候事

十一月八日

一、朝芹沢三五郎帰宅、昼時肥田波門、藤枝勇次郎一同帰国致候事

同　十一日

一、芹沢三五郎入塾候事

同　十三日

一、岩倉鉄三郎帰国致候事

同　十五日

一、今夜中芹沢三五郎、鈴木亀吉出越跡鍛治場江引越候事

同　十七日

一、天城山ゟ御帰り相成候、御獲物七ツ内貳ツ服部峰次郎

十一月廿日

一、安井畑蔵、八田篤蔵両人カノン御伝授ニ罷成候事

一、於三町場ダライパス稽古打有之事

一、沼津家中三浦、宮山、門人カノン傳授相済候者（追記）〔宮山千之助召越〕四人罷越候事、尤前以相願置候ニ付明日三比御筒拝借之積有之候然ル処右ダラパス稽古打不相始以前着致候ニ付幸ひ相願ダライパス稽古打致候事

榊原鏡次郎様
日村治部之進
安井畑蔵
八田篤蔵
稲垣名兵衛
高見沢保介
望月英助
小林勇助

一、今晩沼津家中四人之者塾江一泊致候事

十一月廿一日

一、五百目カノン稽古打有之事

榊原鏡次郎様
日村治部之進
稲垣名兵衛
高見沢保介
望月英助
小林勇助

右稽古打相済沼津四人之者帰宅致し候事

一、榊原鏡次郎様幕内立入御伝授御風聴（ママ）有之候事

十一月廿五日

一、友平栄、日村治部之進、前田藤九郎帰府致候事

一、御近辺御狩之事

十一月廿六日

一、奈古屋山御狩之事、服部峰次郎御供致候得共〈不快ニ付御先ニ罷帰候事、御獲物壹疋森田貞吉打留但し猪之子

十一月廿九日

一、江梨山御狩として昼時御出立

但柳沢右原太は慎中服部峰次郎は風邪ニ付両人御供不致

十二月二日

一、柳沢右原太、服部峰次郎江梨江出立

十二月七日

一、江梨山ゟ御帰り御座候事、御狩中御獲物猪鹿合テ七疋内鹿壹疋大先生、鹿二疋猪壹疋長沢鋼吉、猪壹疋森田貞吉、鹿壹疋猪壹疋犬取之事

十二月九日

一、於三丁場三比カノン稽古榊原鏡次郎、柳沢右原太両人グルーイヱンデコーケル稽古打致し候事右稽古相済ハントモリチールヲ以リフトコーケル稽古打致候事

十二月十一日

一、宮山千之助、堤勘左衛門参塾之事

十二月十二日

一、岩倉鉄三郎参塾之事

十二月十四日

一、於八丁場ホンペカノーン壹発御打様シ御座候事

十二月十五日

一、松平和泉守様沼津宿御止宿ニ相成候処前以御用筋御座候由申来り有之候ニ付昼時頃ゟ御出立被遊翌十六日昼時頃御帰被遊候事

一、服部峰次郎、一瀬大蔵、鹿沼泉平、堤勘左衛門、柳沢右原太、近々沼津表ニ而ホンペカノーン御打様シ御座候ニ付沼津宿ゟ原宿迄之海岸丁数吟味ニ参り六拾町改置候処雨天御座候間十五日昼過ゟ出立致シ十六日十七日合セ三日相懸り十七日夜六ツ半時頃罷帰り候事、尤鹿沼泉平病気ニ付十六日昼頃罷帰り候事

十二月十六日

一、今日夕刻日村治部之進参着之事、尤当分之処郷宿半左衛門方ニ罷在候事

十二月十八日

一、八丁場ニおゐてホンベカノーン壹発御心見打様シ御座候事

一、今朝七ツ時頃ゟ鹿沼泉平帰国致事

一、今日五ツ半頃ゟ八丁場ニおゐてホンベカノーン四発御打様シ御座候、尤二発実弾致候二発ガラナート之事

十二月十九日

一、ハンドモルチール二発於八丁場稽古打有之候事

十二月廿日

一、日村治部之進出立致候事

一、友平栄参着之事

十二月廿一日

一、松国弥八郎参塾之事

十二月廿二日

一、松国弥八郎帰国之事

十二月廿八日

一、先例之通り御台所御中間江歳暮として金二朱遣候事

十二月大晦日

一、今晩例之通り歳末之御祝儀申上候者岩倉、服部、一瀬、堤、柳沢之事、尤御台所江も罷出候事

一、五百疋　例之通り新平江歳暮として為取候事、尤内百文はもろ搗致させ候ニ付為取候事

千秋万歳

嘉永四年

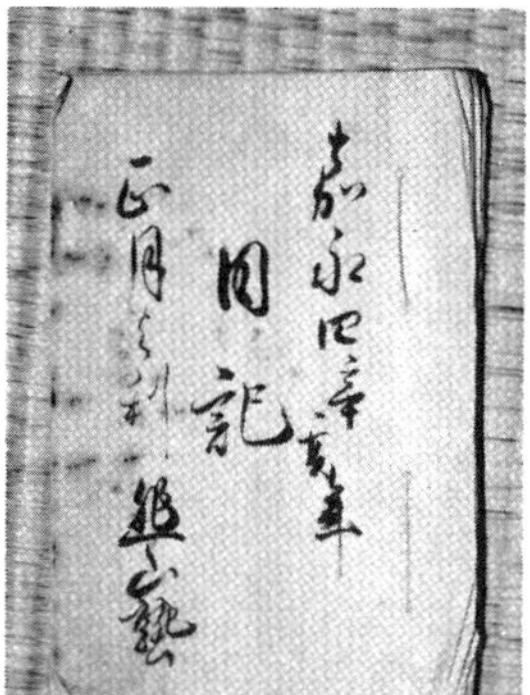

正月元日

一、在塾之面々麻上下着用ニ而年頭御礼申上ケ夫ゟ御台所并御長屋江も参り候事

岩倉鉄三郎
服部峰次郎
一瀬大蔵
柳沢右原太
堤勘左衛門

一、小筒稽古初ニ而友平栄并在塾之面々御長屋之衆御台所之衆不残麻上下着用ニ而三発ツ、有之候事

同　二日

一、大筒稽古初ニ而於三町場ニ拓榴弾三発小形放逸須累ニ而有之夫ゟ多田道ゟ虚心弾五発稽古有之候事

同　五日

一、今日ゟ例之通り江梨江御狩ニ御出有之処先生御風邪気ニ被為在候ニ付御延引ニ相成候事

一、夕刻鹿沼泉平入塾之事

同　六日

一、先生御風邪為御機嫌窺塾中一統御取次安居畑蔵ヲ以申上候事

同　十一日

一、今日御具足御祝儀ニ付在塾之面々江御酒御吸物并御汁粉餅被下置候、依而一統麻上下着用塾ニ而頂戴有之右相済候而直様御書院ニ而右御礼申上候事

同　十二日

一、今日奈古屋村御鹿狩有之一発もならす（ママ）

同　十九日

一、今日江梨村御鹿狩として御出立之事

但し一瀬氏相残ル

同　廿六日

一、松国氏、別府氏ホンベカノン稽古として今日参塾御狩御留守中之事

同　廿七日

一、今朝江梨村御船ニ而御出立昼八ツ時頃御帰館之事

右ニ付御逗留中御獲物都合十、内服部氏大鹿壹疋、堤氏同貳疋、御台所ニおゐて八田篤蔵貳疋、森田貞吉壹疋、市川来吉壹疋、安井畑蔵壹ツ、犬取貳ツ右之通り有之事

同　廿九日

一、今日於八町場八十ホントホンベカノン稽古打有之、実弾貳発カラナート三発都合五発無滞相済候、帰塾之上中村小源治を以先生江御礼申上候、且御台所江も罷越挨拶申述候事

二月朔日

一、今日初午稲荷御祭ニ付塾一統江御赤飯并御酒被下置候、尤平服ニ而頂戴之事

但右御礼一統森田貞吉を以て申上候事

同　二日

一、小田原松国弥八郎、別府信次郎、爰元早朝出立之事

一、一瀬大蔵十五丁場為見分罷越候様被仰聞罷出候事

一、田中山御狩ニ付岩倉、服部、柳沢、堤、御供、但御獲物無之事

同　六日

一、大筒見張として服部峰治郎原木迄罷越候事、同岩倉鉄三郎、深水鉄三郎、夜中見張之為同処名主久治郎方江罷越之事

一、今日昼後深水鉄三郎入塾之事

同　七日

一、見張交代、柳沢右源太罷越候事

昼過より十七丁場ニ而八拾ホントホンヘカノン稽古有之、実弾貳発カラナード貳発都合四発無滞相済候、右御礼先生へ申上候、台処へも挨拶申述候事

一、右大筒夜分見張交代、服部峰次郎、堤勘左衛門両人名主宅迄罷越候事

同　八日

一、同々打様同処ニ於テ実弾壹ツ、カラナード三発、都合五発相済、尤筒少しいたみ候ニ付御引戻ニ相成沼津出ハ相止之候事

一、同々見張夜分迄柳沢右源太、鹿沼泉平、罷越候事

同　九日

一、深水鉄三郎、岩倉銕三郎出立之事

同　十二日

一、小戸井（小土肥）村鹿狩御出立、服部峰次郎、柳沢右源太、鹿沼泉平御供之事

同　十四日

一、堤勘左衛門親対面并硝石等調義之ため沼津江罷越候、但十六日帰塾致候事

同　廿六日

一、今日江梨村ゟ御帰館之事

但十六日小土肥ゟ江梨村御移ニ相成候、御獲、先生、森田貞吉、小土肥猟師貳人犬取壹ツ、江梨村ニおゐてハ御獲無之

同　廿七日

一、堤勘左衛門、柳沢右原太、君公御巡見ニ付今朝上宮田御陣屋江出立致候事

二月晦日

一、沼津様御筒二十トイムホウウィツル於八町場三発打様シ有之候事

三月朔日

一、二十トイムホウウィツル於八町場稽古打五発有之候事

一、鹿沼泉平帰国致候事

一、宮山千之助参塾之事

三月三日

一、上巳之御礼例之通申上候事

但御長屋并外共ニ廻勤致候

三月四日

一、於八町場二十トイムホウウィツル試打貳発有之候事

同　七日

一、初午ニ而二尾稲荷御祭、例之通赤蒸飯、御平、御鱠、香物、胡麻塩、御引盃被下候事

同　八日

一、昼以前ゟ口野村御遊、塾江も御供被仰付候処壹人も御供不致候、夕方御帰館之事

同　十日

一、山木村御林御鹿狩、服部、宮山、御供御獲無之

同　十五日

一、於八町場二十トイムホウウィツル試打貳発有之候事

同　十六日

一、於駿河国口野村塩屑海上二十トイムホウウィツル船打試三発有之候、船ニ疵出候ニ付其日相休候、右ニ付宮山千之助御筒番として昨夜ゟ今夜止宿致候事

同　十七日

一、宮山千之助口野村ゟ帰り即刻沼津江罷帰候事

同　廿二日

一、於御書院田楽豆腐酒食御振舞有之候事

但御用人元〆諸師範塾中一同

同　廿八日

一、服部峰次郎帰宅、但明廿九日参塾

四月朔日

一、口野村塩屑ニおゐて二十トイムホウウィツル船打有之前夜ゟ先生始メ皆々罷越、部兵衛方ニ止宿、六発稽古有之、右御筒直ニ沼津江御渡被成候

同　二日

一、会津ボンベカノン替筒八町場打様シ、実弾カラナート各壹発ツヽ今日先生下田御固メ御用被為蒙　仰候ニ付麻上下ニ而御家来衆中御祝儀申上ル、塾ニは一瀬大蔵壹人罷出候処ホンベカノン跡仕舞致御祝儀之間ニ合不申候得ハ明日正服ニ而御祝

儀申上候筈
一、服部峰次郎帰宅致候、但明三日朝帰塾
同　三日
一、先生下田表御固御用被為蒙　仰候ニ付今日御出起ニ而御出府被成、服部峰次郎夜ニ入出起御供致候
但服部峰次郎、一瀬大蔵、間宮、立場（大場カ）迄御供御見送り致し夫ゟ引返し服部支度出起致候
一、一瀬大蔵近々出起致候ニ付熨斗目麻上下ニ而御礼申上免許巻物幷諸表頂戴致候、先生御肩衣ニ而熨斗三方被下候
同　四日
一、去年中彦根江被遣候御積ニ而製被仰付候火薬三貫百目借用ボンベカノン江相用候ニ付森田定吉を以今日返納致候
但四百六拾目硫黄華拝借有之候処当春彦根持参之火薬江相用候ニ付彦根ゟ相納候筈ニ候
同　五日
一、塾中皆々引払ニ付下男新平義誰様ニ而も御入塾之節は何時ニ而も罷出可相勤旨之證文請取之、一ト先ツ宿江相下ケ候、尤右證文は月番箱之内ニ入置申候
同　十五日
一、当八日ゟホンベカノン其外諸道具沼津江持出候ニ付一瀬大蔵今日出起沼津表ゟ乗船富津陣屋江罷越候事
八月十四日
一、先生御儀去四月ゟ御出府之処未夕御用済ニは不被為有候得共御検見ニ被為差懸候間十二日江都御出起三日道中ニ而無滞今七ツ時頃御韮着被遊候事
一、服部峰次郎義も去四月より御供ニ而滞府仕居此度御供ニ而帰塾致候事
但本所御屋舗ニ御台所之衆打混ニ而罷在候事
八月十四日（この頃追記、切紙）
一、阿部伊勢守様藩前田藤九郎義友平栄門人ニ候得共依執心修行いたし度よし於江戸表相願御聞済ニ付此度御供ニ而参着致ス
但平日は御台所之衆打混罷在角立候節は塾之者へ加ハリ塾之者同様可心得事
八月十五日
一、夕刻服部峰次郎帰宅
同　十九日
一、鹿沼泉平到塾之事

同　廿一日（この頃追記、従って廿二日の同人は鹿沼のこと）
一、城山御狩、望月大象猪壹疋打留候事
同　廿二日
一、同人三島宿江用弁罷越候事
同　廿四日
一、八牧山御狩御獲物無之事
一、日村治部之進到塾之事
同　廿七日
一、三浦佐太郎為伺御機嫌従沼津罷越之事
九月三日
一、口野海浜為魚猟　先生御出有之塾中御供ニ而夜ニ入御帰館、御猟之魚、塾（并藤九郎――この部分追記）江被下置、翌日御礼望月大象迄申上候事
同　五日
一、服部峰次郎到塾之事
同　六日
一、今日ゟ新助炊ニ相頼候事
一、榊原鏡次郎様御着、是迄先例は無之候得共此度は御本供表向之角ニより御門前迄御出向致候者左之通り
日村治部之進
鹿沼泉平
前田藤九郎
服部峰次郎
一、今朝房司沼津表迄用事有之旨申出候処任其意差遣候事
九月七日
一、奈古屋村天神山御狩有之、大猪壹疋手負候得共不打留夕刻御帰り
一、明後九日小土肥村御狩御出之旨長沢鋼吉を以て御沙汰有之候事
九月八日
一、夜ニ入望月大象明九日御狩御出之積ニ候処明後十日ニ延ヒ候段沙汰有之
一、鹿沼泉平、日村治部之進無據用向有之郷宿迄罷越早々帰塾
九月九日
一、重陽之御祝儀例之通り於御書陰（院）申上候事、若様御儀態々塾江御出被遊候ニ付於御詰座敷以長沢鋼吉御伺申上候事
一、榊原鏡次郎様塾江御出ニ付以長沢氏御伺申上候事
一、御台所并御長屋江も例之通り皆勤致候事

但御門前大石省三、岩島源八郎方江も同断、右相済早速着
替致事

九月十日

一、朝五ツ半時比小土肥村江御出起被遊候事
尤服部峰次郎義は不快罷在候ニ付御供不仕本復次第御跡ニ而
罷出候積、日村治部之進義帰府致候積ニ付是又御供不仕候事
但房司新助は鹿沼氏供ニ罷越御供之面々左之通り

鹿沼泉平
前田藤九郎

一、先年日村氏在塾之内ブランドコーゲル壹ツ製置此度持参致
度旨申上候処御聞済ニ付御出立後安井畑蔵を以て慥ニ請取候
事

一、別府信次郎参塾致候事

九月十一日

一、日村治部之進帰府致候事

九月十三日

一、別府信次郎帰国致候事

九月十四日

一、服部峰次郎不快之処全快致候ニ付小土肥村江出立候事

但昼時過ゟ出起致候間柿木村名主十兵衛宅へ一泊致候

一、柳沢右源太午時過参塾

九月十五日

一、柳沢右源太江梨御小屋江着致候事

一、服部峰次郎柿木村ゟ小土肥村江着致候処　先生御儀去十三
日御出立ニ而江梨江御越之趣致承知候ニ付直様江梨江趣夕刻
着致候事

九月廿日

一、江梨ゟ御帰館被遊候事、御狩中御獲物都合三疋不残柴弘吉
打留、塾中御供之面左之通り

服部峰次郎
柳沢右源太
鹿沼泉平
前田藤九郎

九月廿二日

一、鹿沼泉平今朝未明ニ出立致候よし合塾之者出立之節眠中ニ
而刻限は不心得候事

九月廿五日

一、今日五ツ過ゟ服部峰次郎剣術稽古ニ帰国致し候、但し夜四

ツ時過参塾之事、尤八田兵助、山田熊蔵、御台所之者同道之
事

十月六日

一、三浦佐太郎参塾ニ而夕刻帰宅致候事

十月七日

一、松国弥八郎、別府信次郎参塾之事

一、御二男様昨夜ヨリ御不快之趣先刻御知いたし候ニ付夜ニ入
御見舞として御詰座敷迄罷出長沢鋼吉を以て申上ル面々左之
通り

松国弥八郎
別府信次郎
服部峰次郎
柳沢右源太
前田藤九郎

十月八日

一、今朝御二男様御容躰不重御様子ニ付御機嫌相伺候
但於御詰座敷以森田貞吉申上ル

一、昼時比御養生不被為叶御逝去被遊候ニ付為御悔御詰座舗迄
罷出以望月大象申上候事
但し其以前着類(カ)問合候処平服ニ而可然ニ付随其意着替不仕
平服ニ而申上ル、尤御逝去之趣御知セ可有之迄同八時過迄
相扣へ居候得共、為御知無之故御台所之衆江内談ニ及び候
処、別段為御知としては有之間敷段被申候ニ付七ツ時頃右
御悔申候事

一、夜ニ入松国弥八郎御台所迄罷出、八田兵助江御葬式御供仕
度付而は此以前在塾之者取斗如何被致候哉之処問合候得は、
改而八田氏塾江参り不及御供ニ旨断り有之候得共、強而申入
候処八田氏承知被致候

十月九日

一、朝八田兵助参塾ニ而此節は製薬中ニも有之儀ニ付御供之儀
又々断ニ及ひ候間再応之事故任其意御門外迄も罷出度旨八田
迄申入置候

一、七ツ時御出棺ニ付御門前橋向迄罷出引取候、尤引取懸ケ松
岡正平江御断り之角を以て是ゟ引取候旨申入置候事
但正服右相済早速着替

一、右御葬式相済早速着替致し以森田貞吉　先生江御機嫌相伺
候面々左之通り

松国弥八郎

別府信次郎
柳沢右源太
前田藤九郎
服部峰次郎

十月十日

一、榊原鏡次郎様御出勤ニ而塾江御出有之候事

一、御玄関前ニおゐて火薬製致ス

十月十一日

一、先生御検見御出立被遊候ニ付御門前江御送り例之通り

一、服部峰次郎帰国致し候事

十月十二日

一、三浦佐太郎、服部峰次郎、宮山千之助、参塾、尤宮山千之助義は過日御不幸為御悔罷越早速帰国致し候事

十月十三日

一、御検見より御帰着被遊候ニ付為御出迎例之通り御門前腰掛向迄罷出ル面々三浦佐太郎、服部峰次郎、松国弥八郎、別府信次郎、柳沢右源太、前田藤九郎

一、夜ニ入八田兵助参塾ニ而祖師有之候間絵式（会式）ニ付依信心参詣仕度者は可得其意旨、尤見物ニ候ハヽ堅ク断り之趣塾中何れも信心之角以て御仏間江山田山蔵案内ニ而御庭通り罷出ル、別段御礼は不申上、帰之途中山蔵江申述ル面々右之通り

十月十四日

一、先生御儀御近辺為御検見御出ニ付御門前迄可罷出心得ニ候処御日帰り之由ニ付御玄関迄罷出ル面々服部峰次郎、前田藤九郎、余四人は八町場江罷越留守中故不罷出

一、昼時御帰り有之御玄関迄御出迎、三浦佐太郎、服部峰次郎、柳沢右源太、前田藤九郎、余両人は八町場江出留守中不罷出

十月十五日

一、御絵式（ママ）餅頂戴致候ニ付為御礼御台所江罷出器物返納相済候事

十月十八日

一、小田原公御筒八拾ホントボムカノン様シ打貮発続テ稽古打三発都合五発於八町場放発有之
但前田藤九郎其外御台所之内御伝授無之者は不残矢先江罷出候事

十月十九日

一、当春塾開闢以来之腔弾かけを相聚候処廿四貫目余有之鋳物

師方ゟ買受ケ度旨願出候間差遣候処未タニ金子不相納、度々
形部（長谷川刑部カ）江申遣候得共、其侭差置候ニ付、今日
八田兵助江右之趣申談、同人ゟ金子相渡候節差引呉候様承知
致し候事
但右金子相廻り返納致候ハヽ道具料之方江差加ゆべし、尤
是迄道具料ニ而可差出入用も矢先一件ゟ差出候事も有之候
間其分は矢先一件江加へ余は道具料といたし候様相談之上
取極候事

十月廿日

一、鍋島肥前守様今日三島宿御止宿ニ付　先生九ツ前頃ゟ三島
宿江被遊御出、御門前木戸際迄御見送り、御帰り夜九ツ頃ニ
相成同所辺御出迎申候面々左之通り

服部峰次郎
前田藤九郎
柳沢右原太

十月廿一日

一、天城山鹿御狩として御出立梅木村江御一泊致候事

十月廿二日

一、今日梅木村御出立天城山御小屋江御着之事

一、三浦佐太郎、松国弥八郎、別府信次郎帰国之事

十月廿七日

一、天城山御小屋御出立、夜六ツ半頃御帰り被遊候事、但し御
狩中御獲物合三疋内壹疋榊原様御打留、壹疋柴弘吉打留、壹
疋片瀬村友助打留候事

十月廿八日

一、此度堤勘左衛門在所ゟ相州表江罷下り候ニ付今日三島泊り
之日割ニ御座候間内用ニ付柳沢右原太三島宿迄罷越候事

十月廿九日

一、柳沢右原太昨日三島宿江罷越候処未タ堤勘衛門下り不申候
ニ付又候今日三島宿迄罷越候事

十一月朔日

一、榊原鏡次郎様御出立之事
但為御見送御台所之衆は松並村迄罷出候得共塾ニ而は例之
通り御門前腰掛迄罷出直様引取

十一月三日

一、御近辺御狩有之御獲物無之

十一月六日

一、今晩五時比堤勘左衛門三島止宿之旨案内有之、柳沢右源太

内用有之旨願済之上速刻出立致候事

十一月七日

一、今暁貳番鶏比柳沢右源太帰着致候旨、在塾之者服部峰次郎壹人眠中ニ而刻限不心得開眼致候得は柳沢右源太寝中ニ有之候事

十一月十日

一、江梨山江御狩御出立被遊候事

十一月十九日

一、江梨山より御帰館御狩中御獲物猪鹿合テ拾疋、打留候もの左之通り

先生　鹿貳疋、柴弘吉鹿壹疋、森田貞吉鹿壹疋、山田山蔵鹿壹疋、余五疋犬取

但去十四日井田村江御越被遊同村弥吉方江御泊りニ而十六日御小屋江御帰ニ相成夕刻山田熊蔵、岩島源八郎、韮山表ゟ御小屋江着致し翼(ママ、翌)十七日江梨村八幡宮地内ニおゐて小松曲膳と申もの何方之狼人(ママ)候哉剣道執一心之旨申込有之候ニ付試合有之候事、塾のもの見物ニ参ル、近村之もの共拝見として右地内見物人男女打混大凡三四百人程集合いたし候事

十一月廿日

一、右御狩中　先生ゟ雀壹人ニ付拾羽ツヽ、打留候様被仰候間則御狩御供仕候連中不残鳥打ニ午時ゟ北条南条辺江罷出ル、夕刻帰り候上御台所迄差出候事、面々左之通り

塾　服部峰次郎、柳沢右源太、前田藤九郎

御台所　長沢綱吉、森田貞吉、中村小源次、柴弘吉、河島鋳吉、山田山蔵

十一月廿二日

一、堤勘左衛門参塾

十一月廿三日

一、奈古屋山猪御狩有之、塾中御供、御獲物無之

十一月廿五日

一、三浦佐太郎参塾直様夕刻帰宅致候事

十一月廿八日

一、奈古屋山御狩有之御獲物貳疋、猪之子壹疋犬取、同断打留望月大象、大猪壹疋手負ニ而行方不知夕刻御帰り、塾中不残御供之事

十一月廿九日

一、奈古屋山御狩有之、御獲物三疋、猪之子一ツ犬取

但堤勘左衛門義不快罷在候ニ付相残ル

十一月晦日

一、前田藤九郎同藩之者三島宿止宿致し候由ニテ昼過ゟ同宿迄罷出夜八ツ時頃帰塾之事

十二月五日

一、奈古屋村御狩有之御獲物合五疋内壹疋　先生御打留、同壹疋森田貞吉打留、同壹疋長沢鋼吉打留致候、二疋犬取之事、柳沢右原太製薬致居御供不仕候事

十二月六日

一、畑山御狩之事、尤柳沢右原太製薬致居御供不仕候事

一、堤勘左衛門砲用ニ付沼津表迄罷越候事

十二月十一日

一、御近辺御狩有之、御獲物二疋内壹疋峰次郎、内一疋犬取尤堤勘左衛門製薬致居候ニ付御供不仕候事

十二月十　日（ママ）（日附脱カ）

一、台山近辺御狩之事、堤勘左衛門病気ニ付御供不仕候事

十二月十六日

一、寒中御機嫌御伺山田山蔵ヲ以御詰座敷ニ而申上候事、在塾之面々左之通り

服部峰次郎

堤勘左衛門

前田藤九郎

柳沢右原太

十二月十九日

一、先達形部（長谷川刑部カ）方江玉かけ差遣し候処今日八田氏ゟ代料受取申候事

十二月廿五日

一、奈古屋御林猪御狩之事、尤堤勘左衛門は病気ニ而柳沢右原太は製薬ニ付御供不仕候事

十二月廿九日

一、今晩歳末之御祝儀申上ル面々服部、堤、前田、柳沢、尤御台所江も罷出ル事

千秋万歳　仕舞申候

目出度

加志久

申納ル者也

嘉永五年

正月元日

一、在塾之面々麻上下着用ニ而年頭御礼申上ゲ夫ゟ御台所并御
長屋へも参り候事

服部峰次郎
柳沢右原太
前田藤九郎
堤勘左衛門

一、同日昼時ゟ小筒稽古初ニ而在塾之面々并御台所之衆御長屋
之衆不残麻上下着用ニ而三発ツ、稽古致候事

一、同二日大筒稽古初ニ而於五町場ニ小形ホーウィッスルニ而
柘榴弾五発二百目タラーイハスニ而鉄弾八発稽古致候事

一、但し相済之上御礼申上候

服部峰次郎
柳沢右源太
堤勘左衛門

一、同五日昼後ゟ郷山御林御狩之事
但御獲物壹疋山木村勇介打留、堤勘左衛門痛所ニ而御供不
仕候事

一、同五日五ツ時頃ゟ江梨山為御狩御出候事
但し服部峰次部、堤勘左衛門不快ニ而御供不致候事

一、同日昼後ゟ服部峰次郎帰宅之事

一、同十（日）七ツ時頃江梨山ゟ御帰館之事
但し御狩中御獲物猪鹿合而七疋内猪壹疋先生御打留、同鹿
壹疋中村銈三郎、柴弘吉、望月大象、矢田部卿雲、山木村
勇介、壹疋犬取之事

一、同十一日御具足開ニ付例之通御汁粉并御酒御吸物等被下置
候ニ付麻上下着用ニ而頂戴仕候事

一、同日昼後服部峰次郎入塾之事

一、同十三日四ツ時頃ゟ江梨山へ為御狩御出候事

一、同十八日三浦佐太郎、宮山千之助為年始御礼被参候事
一、同廿日松平遠江守様御家来高木伝入塾之事
一、同廿三日江梨山ゟ御帰館之事
但シ御狩中御獲物猪鹿合而拾疋、内先生三疋御打留、同壹疋森田貞吉、柴弘吉、猪鹿壹疋ツ、勇介、壹疋犬取候也
一、同夜高木伝御入門誓紙神文相済候事
一、廿七日服部峰次郎入塾之事
一、同廿八日稲垣源次兵衛為年始御礼被参候事

二月朔日

一、先生御儀駿州富士郡万野原御見分并ニ富士山御林為御見分御出立被遊候、尤御林中猪鹿等沢山之趣ニ而御滞留中御狩も被遊候哉之旨承知致候間塾中御供仕度旨相願候処御聞済無之不省恐強而相願候得は服部峰次郎、柳沢右源太両人御召連被下堤勘左衛門儀先達而中ゟ不快、此節快方ニ候得共本復と申ニも無之乍駐(ママ)統人者御供仕候心得之処強而御差留ニ付従仰御留守居、前田藤九郎、高木伝も同様相残ル、御道筋三島宿より根方通り西船津村名主彦太夫方へ御一泊、翌二日同所御出起大宮町御泊、翼(ママ、翌)三日万野原御見分相済御小屋江御一宿被遊候事
但御小屋と申者御林内ニ有之平日御林守見廻り之節止宿致候用意よし、江梨天城等御猟小屋ゟは々麁怪(カ)
一、右御出立之砌御見送り例之通り御門前腰掛向迄罷出ル、堤勘左衛門、前田藤九郎、高木伝

二月三日

一、別府信二郎参塾之事

二月十三日

一、富士御林御出立、大宮町御泊、翌十四日御韮着、御出迎ひ例之通り御門前腰掛向迄罷出ル面々別府信二郎、堤勘左衛門、前田藤九郎、高木伝、服部峰次郎、柳沢右源太両人も御供ニ而着致候
右御林御滞留中服部峰次郎義少々不快之気味ニ而十一日ニ御先キ御暇相願宿元江滞留致し居沼津御通り之砌御供致候事、御帰り道筋大宮町ゟ東海道吉原宿、夫ゟ沼津宿山ケ下大平通り、尤御本供之外余人は吉原宿ゟ犬を引浜通り山ケ下迄別道を参り山ケ下ゟ御供致ス、御狩被遊候内御獲物左之通り大鹿壹疋貳才鹿壹疋打服部峰次郎、中鹿壹疋狩宿村猟子与五右衛門打留、都合三疋

二月十七日

一、別府信二郎帰国致候事

二月廿一日

一、奈古屋山御狩有之、柳沢右原太、堤勘左衛門両人大筒用向有之ニ付御供不仕、御獲物二才猪子服部峰次郎打留

同　廿三日

一、於八町場ニ八十封度暴母葛濃打様稽古打有之候事

同　廿四日

一、天城山御狩御出立菅引村御泊、翌廿五日御小屋へ御着途中ニ山御狩有之、スル壹疋先生御打留

同　廿六日

一、一ノ沢御狩

女鹿貳疋　先生御打留

同　壹疋　中村小原次

同　壹疋　服部峰次郎

同　廿七日曇

一、大女鹿壹疋　望月大象

小鹿　壹疋　菅引村御林守要右衛門

同　廿八日昼迄雨天

一、御狩御休、長沢鋼吉参着

同　廿九日夜雨天

一、大女鹿壹疋　高木伝

猪之子壹疋　犬取

同　晦日

一、森田貞吉、柴弘吉参着、此日御獲物無之

壬二月朔日

一、片瀬村江御下り里山御狩積ニ而同村猟師友助方へ御滞留御獲物無之

同　二日　雨天大風ニ而御休

同　三日

一、大女鹿壹疋、片瀬村友助

同　四日

一、昼時より御狩

小鹿壹疋　要右衛門打留

同　五日

一、大女鹿壹疋　柴弘吉打留

同　六日

一、友助宅御出立(ママ)　途中ゟ御狩御小屋へ被帰御獲物無之

同　八日

一、大女鹿壹疋　八田篤蔵打留

同　七日(ママ)

一、大鹿壹疋　先生御打留

同　九日

一、大鹿壹疋　服部峰次郎打留

同　十日

一、乍御狩御小屋御出立、夕暮時前韮山江御帰館、御狩中御獲物猪鹿合拾五疋也

同　十二日

一、御近所御狩有之候事、但し御獲物無之

一、暴母葛濃原木村宮ノ脇拾七町場へ廻し候ニ付昼夜壹人ツヽ番ニ参り候事、但し十日之夜

同　十四日

一、於拾七町場暴母葛濃稽古打有之候事

同　十七日

一、御近所御狩有之御獲物猪之子壹疋　先生御打留

同　十九日

一、御近所御狩有之候、夫ゟ名古屋山御狩有之候、御獲物猪之子壹疋柴弘吉打留

同　廿日

一、今朝柳沢右源太義父東海道通行之趣願済之上三島宿迄罷出夕刻帰塾

一、昼過ゟ堤勘左衛門大筒用向有之原木村迄罷越夜ニ入帰塾

同　廿一日

一、ホムカノン沼津表迄差出候ニ付掛合旁堤勘左衛門罷出ル

同　日

一、昼後ゟ山木御林御狩有之夫ゟ名古屋山地獄谷御狩有之御獲物無之御帰館後
於睦様御昏(ママ)礼首尾能被為相済候ニ付為御祝而之御酒并御赤飯塾中へ被下置一統麻上下着用ニ而頂戴致候事

同　廿二日

一、名古屋禰宜殿林御狩有之夫ゟ畑ケ御林天神山御狩有之、御獲物猪四疋、内猪ノ子壹ツ森田貞吉打留、三才猪柴広吉打留、猪ノ子貳疋犬取之事

同　廿五日

一、田中山御狩有之御獲物無之、但し堤勘左衛門ハ製薬ニ付御供不仕候事

同　廿八日

一、堤勘左衛門儀昨日相州表ゟ暴母葛濃才領足軽貳人着致候ニ

付沼津表へ召連参り候事

同　廿九日

一、名古屋山御狩有之御獲物無之

三月三日

一、上巳為御祝義例之通麻上下着用ニ而申上候事

服部峰次郎
柳沢右原太
高木　伝
前田藤九郎
堤勘左衛門

三月五日

一、於三島御仕置有之趣ニ付為見物伺之上高木伝罷越候事、八時過帰塾、同刻少々前より山木御林為御狩御出有之候事、但堤勘左衛門義は砲用ニ付御供不仕候、高木伝着之上直様罷出候事

三月八日

一、貳尾稲荷御祭例ニ付御赤飯被下置候事、頂戴済之上御誥座敷迄罷出以石井氏御礼申上ル面々左之通り、服部峰次郎、堤勘左衛門、柳沢右源太、前田藤九郎、高木伝、芹沢三五郎

三月十一日

一、堤勘左衛門砲用有之沼津表へ願之上罷越

三月十二日

一、昼時迄勘左衛門帰塾

三月十三日

一、三浦佐太郎参塾鉄砲道具類受取直様夕刻帰国致候事

一、芹沢三五郎義も鍛治(ママ)修行大概成塾相成候間一旦引払候趣塾江参り謝辞申述候

三月廿三日

一、先生御儀壹万石御増地被為有候趣薄々承知致し一同相談之上恐悦可申上心得ニテ談講中御書陰(院)江罷出候得は先生　御風(ママ)聴有之候ニ付早速着替致し精服之上恐悦申上候事

一、堤勘左衛門、柳沢右源太両人引払ニ付今晩正服ニ而御暇乞申上明日出立之積ニ候

三月廿四日

一、右両人夕刻より出立致候事

三月廿八日

一、今日迄房司召遣居候処峰次郎壹人之義ニ付為差稽古向差障も無之就而は御趣意ニも違ひ候事故宿江相下ケ候、尤御入用

之節ハ罷出候積之證文取置候事

四月三日

一、於三島宿御仕置人有之候趣為後学一見被置度旨ニ而高木伝

願ノ上罷越夕刻帰塾

四月五日

一、口野村江御釣ニ被為入候ニ付塾中一同御供致候様以柴弘吉

御沙汰御座候間御供仕夜ニ入御館《(ママ)》帰被遊候、右塾中御供之者

服部峰次郎、高木伝、前田藤九郎

一、今日長沢幸吉を以御見やげ頂戴致し候ニ付同人を以御礼申

上候事

四月六日

一、服部峰次郎内用有之沼津表迄立帰ニ罷越夕刻帰塾

四月七日

一、服部峰次郎姉大病之処死去致し候趣為知有之候間速刻帰宅

致候事

四月廿二日

一、服部峰次郎忌中ニは候得共帰塾致候而も不苦旨八田ゟ沙汰

有之候間参塾致候事

四月廿三日

一、昨夜下田湊ゟ異船相見へ候趣注進有之、朝五ツ時比御出立

ニ而御出張被遊候、御見送例之通り御門前木戸向迄罷出ル面

々左之通り、服部峰次郎、前田藤九郎、高木伝

一、右御出張後服部峰次郎早速帰国致し候

一、前田藤九郎、高木伝両人は左塾罷在、先生ゟ御沙汰次第早

々引取候積ニ而用意致し居候事

四月廿八日

一、異船帆影不相見ニ付御凱帰夕刻御着被遊候事、但し御出迎

例之通り木戸向迄無滞御帰陣ニ相成候事故着替いたし正服ニ

而罷出ル面々左之通り、前田藤九郎、高木伝、早速八田氏を

以御挨拶相伺候事

四月廿九日

一、相州城ケ島沖五里隔帆影相見候趣下田ゟ注進有之速刻御出

立被遊候、尤此度は遠方之事故御出張ニハ無之全ク御鹿狩と

して片瀬村辺江御滞留ニ而豆州中江相見へ候得は其場ゟ直様

下田御出之積御用意被遊候得共手重なる武器類は御持参無之

全ク平日御狩同様之御出立ニ有之候事、右ニ付在塾之者御供

仕候、尤伊豆中江乗入候得は御沙汰次第早速引取候積ニ而御

供仕候事、前田藤九郎、高木伝

一、昼時比服部峰次郎参塾、御留守ニ付御跡ゟ可罷出ニ候得共少々常之御狩共違ヒ居候処有之ニ付直様帰国

五月六日

一、昼時比服部峰次郎参塾、御狩御留守ニ付御小屋迄罷出候積ニ而南条村迄罷出候処御帰りニ相成夫ゟ御供仕夕刻御屋敷江御着致候事

一、今朝天城御小屋御出立ニ而御帰館夕刻御着、御狩中御獲物四疋内　先生御打留大女鹿壹疋、外ニ長沢鋼吉、前田藤九郎、犬壹ツ合而四ツ

五月七日

一、前田藤九郎、高木伝、幕内立入之御伝授有之候事、早速着替正服ニ而御礼申上候事

五月十一日

一、御柏餅頂戴致し早速御礼申上候事、服部峰次郎、高木伝、前田藤九郎

五月十三日

一、前田藤九郎、高木伝、御庭中ニ而ステレキ製致ス

一、服部峰次郎昨日帰国参塾

五月十四日

一、前田氏、高木氏御庭中ニ而トントル製致ス、相済候後始而之義ニ付御礼申上候事

五月十六日

一、本立寺本堂此度建立今日梁上ニ付為見物罷出候様御沙汰有之則　先生御出ニ候間御跡ゟ罷出無滞相済帰塾、服部峰次郎、前田藤九郎、高木伝、其外御台所衆不残

五月十七日

一、塾畳荒損じ候ニ付八田氏江申談候処兼而　先生ゟは取替候テ可然旨御沙汰済之事故直様承知致し今日取替相済候、尤此度は塾中報徳金之内ニ而代料差出し候事

五月廿一日

一、夕刻ゟ江梨山江御狩ニ御出被遊候事、御供在塾之者不残

一、江梨ゟ御帰館御獲物無之、御供之面々不残帰塾

五月廿五日

一、柳沢右源太為御機嫌伺参塾昼時比郷宿迄罷出候処急ニ不快ニ而矢田部氏ノ薬用致し早速夕刻ニは快方致候、右病気之旨矢田部氏為知呉候間直ニ在塾之もの罷出療養致し追々快方ニ付後には壹人ツ、かわり合夜中迄参り居候得共愈本復と相見ヘ候ニ付五ツ時比不残引取候事

但病躰は全くかくらん之由ニ有之
一、右病気為御見舞望月大象郷宿迄御使者ニ罷越

五月廿六日

一、柳沢右源太義全ク本復ニ相成昼過ゟ出立致候、帰国之事故
為惣名代松並村迄服部峰次郎罷出ル

(次は五月二十六日の上の貼紙)

六月朔日

夜中婦人壹人塾の籬中江飛入り頻ニ御助ケ被下候様申居次第
不相分候間八田氏江相届候処同人罷越伴ひ帰候事

六月二日

一、狩ノ河御釣有之塾中御供被仰出候之処、服部峰次郎義腫物
ニて御供不致候、外両人は御供致し夕刻帰塾、高木伝、前田
藤九郎

六月四日

一、前田藤九郎、高木伝両人去月七日幕中御伝授有之候得共奥
儀誓詞不仕之処、今日無滞右誓詞相済候事
但於御書陰(院)正服之事

一、服部峰次郎義御免許之巻物頂戴致候事
但三浦佐太郎、宮山千之助も頂戴致し候得共在塾不仕ニ付
峰次郎名代相勤候事、何も正服後ニ而御礼申上ル

六月六日

一、暑中御見舞為御機嫌伺以望月大象御詰座敷おゐて申上候事、
服部峰次郎、前田藤九郎、高木伝

六月十日

一、中村清八暑中見舞相尋呉候事
一、於　御書院御茶飯頂戴有之候事
一、夕刻より山木村并金谷村虫送り有之ニ付例年通於御門前大
筒放発致し候事
但百五拾目ニテ塾中ニ而相発御台所打混都合二十五発

六月十四日

一、昼時過江戸表より御用状参着之趣其砌ニ前田藤九郎も用向
有之早速出府いたし候様君命之趣ニ而其段　先生江御届ケい
たし候処速刻出立候様被仰付八ツ半時比出塾致し候事、尤立
帰り之義ニ付諸道具類は其侭塾江差置候事
但立帰とは乍申し遠方江罷出候義ニ付御門前迄見送り候事、
服部、高木

六月廿二日

一、前田藤九郎帰塾致し候事

六月廿五日

一、昨日下田湊江異船渡来致し候趣今朝注進有之、早速御支度ニ而昼時御出張被遊候事、御見送り例之通り木戸向迄、前田藤九郎、高木伝、服部峰次郎

一、服部峰次郎帰国致候事

七月二日

一、下田ゟ御帰館、但シ漂流人七人御召連被遊候事、塾之面々木戸口迄麻上下着御迎罷出候事

七月六日

一、服部峰次郎為御機嫌伺立帰ニ罷越夕刻帰宅

七月八日

一、服部峰次郎参塾

七月九日

一、稲垣源次衛為御機嫌伺立帰ニ罷越夕刻帰宅

七月十日

一、服部峰次郎儀此度は一先引取候様被仰渡候ニ付退塾致候積然ル上は当分在塾之者も無之候ニ付大略取調候拝借之者等上納いたし塾中持来り候品は前田氏、高木氏在塾ニは無之候得共相残り居候間右両人江委細相願置候ニ付御入塾之御方御承知可申候、尤峰次郎義も折節罷出候積ニ候間委敷は拝面之上御咄し可仕候も大抵左之通り　先生ゟ拝借仕居此度上納致候品々

一、火薬臼并杵共

一、ホイセンホルム一組

一、火薬かため道具一組

一、火薬干盆　六枚

一、硫黄華制道具并釜

是者損し候ニ付塾之品取替差上置

一、大薬研

一、火薬篩

是者損し候ニ付塾之品取替差上置

一、塾ニテ持来り候稽古道具左之通り

一、薬干盆

一、秤

一、鉄鎚

一、ヤットコ鋏

一、鉄敷

一、こん爐
一、四斗樽　六ツ
一、絹篩
一、箱篩
　是ハ御上ゟ拝借之篩損し候ニ付為代差上置候
一、矢先地所一件報徳金三両貳分ト銭貳百文
一、房司給金帳　壹
一、道具料帳　壹
一、矢先地所壹件帳　壹
一、日記
一、フルキット錫大小貳ツ
一、角稽古打帳面
一、擂鉢壷并擂棒
右同断勝手道具
一、飯台三ツ
　内壹ツハ天城山御小屋江差置
一、鉄鍋三ツ
　内壹ツハ江梨山御小屋江差置
一、手桶三ツ
一、やかん　壹ツ
一、どびん　壹ツ
右之外壹通り勝手向入用之品は有之候得共委細相認兼房司新平相心得居、其外前田、高木両氏万端相心得居呉候間、御入塾被成候ハヽ、右両氏より右書面之稽古道具御聞合セ御用可被成候、房司新助(ママ)義は證文之通り壹ヶ年金三両相渡候積ニ而取極、半金外ニ貳分矢先金之内より相渡置候間、若御召遣被成候ハヽ、月壹分之割を以て御勘定被成、右矢先金之内御差加へ可被成候、委細義ハ無程罷出御面話可申上候
一、是迄退塾之面々相残置候品も多分御座候得共銘々存寄ニ而差置候義ニ付委敷は不存候得共塾在来り之品略々相認置候間外之机膳等は都而残置候品ニ付右様御心得被成房司江被仰付候ハヽ、次第相分り可申候
　同　十六日
一、服部峰次郎参塾昼後帰国之事
　同　廿日
一、岩島氏を以て被仰出候趣
一、此度江戸表ゟ団野源之進と申剣術者門弟三人斗召連レ罷越趣ニ而兼而同人申候ニ、明キ屋を一軒借用致度趣之処明屋と

申候而も御屋敷外之義故幸此節は塾も人数少キ故指支無之候得は塾江同居致呉候様岩倉氏ゟ咄有之ニ付指支も無之不苦候ニ付同居可致旨承知仕候事、尤御伝書類は取始末可致旨被仰出候事、右之節在塾之者前田藤九郎、高木伝

同　廿三日

一、昼前ゟ城山御狩、八ツ時分御帰館之事
御供前田藤九郎、高木伝、御獲者無之事

同　廿四日

一、城山御狩御獲者無之事、御供高木伝、前田藤九郎義は風邪ニ付御供不仕候

一、同日夜友平栄ゟ申来候趣左之通、此度武州大森大筒稽古場ニ而当月廿七日大筒稽古打致候ニ付前田藤九郎、高木伝両人罷出呉候由申来、尤高木伝義は遠江様ゟ御筒試有之ニ付右筒試被仰付候事

同　廿五日

一、朝七ツ半時頃当塾出立江戸表出府之事

八月六日

一、昼七ツ時頃前田藤九郎帰塾之事、(ママ)
高木伝義は当月七日親父七回忌ニ付七日迄当流致度義相願候事

一、去七月廿五日江戸表榊原若御奥様御逝去之事、右ニ付前田藤九郎帰塾、々々早々山田山蔵を以御悔申上候事

一、帰塾之上承候得は団野源之進と申剣術者弟子壹人山田友八申人を召連、去七月廿八日着、一体先達而ゟ御沙汰有之、当地江参候得は明家を備用致度旨兼而源之進ゟ申来候得共当時は塾も人少ナ之事故指支無之候得は、同居致呉候様岩島氏を以御沙汰有之候間、両人出府之節取方付参り候処留守中着、廿八日ゟ塾ニ罷在候由

一、今日南条山御狩有之候由帰塾之上承知致候事、御獲者無之、尤在塾之者無之ニ付御供不仕候事

八月十日

一、朝五ツ半時頃ゟ大風雨、昼時頃治ル、御屋敷ニ而も大木折レ其外沼津辺は余程人家等もそんじ有之趣、当地ニ而も山木金谷等人家之そんじも有之候事

一　高木伝今日小田原立ニ而夜五ツ時頃帰塾之事

八月十二日

一、先生口野浦江御釣被為入候ニ付団野、山田は勿論前田藤九郎、高木伝両人も御供被仰付候事、尤御出立朝五ツ時頃之事、

夕刻御帰館之事

一、前田、高木両人御詰座敷ニ而長沢幸吉を以御釣御供御礼申上候

八月十三日

一、服部峰次郎昼後九ツ半時頃参塾之事、同日七ツ時頃帰国事

八月十四日

一、団野源之進并門弟山田友八両人今早朝出立之事

一、前田藤九郎、高木伝両人義は塾之者と申ニも無之候得共、同居致且又両人義は剣術之義ニ付世話ニも相成候事故御台所之衆と一所ニ小揚ケ土迄見送り致候事

同月十八日

一、前田藤九郎義砲用ニ付願之上台場（大場カ）迄参り候事

同　十九日

一、今朝天城山御狩御出立之事、右御供之者服部峰次郎、前田藤九郎、高木伝、尤服部氏義は前々日御狩之趣以幸便を知セ申候事、但塾中御供之者前田藤九郎、高木伝

一、先生御義万城ゟ直ニ一之沢江御泊り山に被為入候事、右御供柴氏、狩人勇助両人御供之事、同廿二日　先生一之沢ゟ御小屋江御帰館之事

一、同廿六日天城山御出立菅引御泊り、同廿七日昼後御帰館之事、御狩中御獲者、先生大鹿壹疋、山田山蔵中鹿壹疋打留候事、尤服部氏直ニ帰国之事

同　廿六日

一、鹿沼泉平来塾之事、御狩御留主ニ而直天城山江趣出立之事

同　廿七日

一、先生御帰りニ付鹿沼氏菅引ゟ引返シ今夕帰塾之事

同　廿八日

一、鹿沼氏義此度永々在塾之積ニ而罷出候処来月早々御出府被遊候ニ付今日昼後ゟ帰国之事

同　廿九日

一、服部峰次郎参塾之事
但シ御出府迄逗留之積り相願候事

九月二日

一、先生御義此度御出府被遊候事、今朝七ツ時分御出立之事

一、服部峰次郎義三島宿迄御供致夫ゟ帰国之事、在塾面々例之通木戸側迄御見送として罷出候事、尤在塾之者は前田藤九郎、高木伝、両人義は別段之義故御家来衆同様正服ニ而罷出候事

同　四日

一、藤九郎義砲用ニ而付（ママ）松岡迄申達シ罷越候事

同　九日

一、重陽御祝義先生御留主ニ付若様江申上候事

一、今日鹿狩致候事、尤　先生御出府御留主ニは候得共　若様被為入候間別段松岡、中村、八田江も申不達候事、在塾之面々、前田藤九郎、高木伝

同　十四日

一、明ケ七ツ時分高木伝義家内病気之趣申来り候ニ付直様出立出府致候事

同月晦日

一、先生御義去ル廿一日江戸表御発駕夫ゟ直ニ御間見御被為済今日御帰館之事

十月九日

一、名古屋牛ケほら御狩同所ニ而三歳猪壹疋　先生御打留、猪子三疋、内壹疋前田藤九郎打留、余者犬取、夫ゟ上妻御狩、猪子貳疋、内壹疋山田熊蔵打留、都合六疋、内三疋犬取之事

一、今日服部峰次郎、宮山千之助、稲垣源次兵衛参塾致候処御狩有之ニ付名古屋江罷出御目通致夫ゟ直ニ帰国之事

但塾中御供之者前田藤九郎

同　十一日

一、名古屋山御狩御獲物無之候事

但塾中御供之者前田藤九郎

十月十八日

一、江梨山御狩朝六ツ時御出立之事

但塾中御供之者前田藤九郎

同　十九日

一、同日こうたゐ山御狩女鹿子壹疋哭取之事

同　廿日

一、板山（井田山）江御越之事

一、大風ニ而板（井田）ゟ江梨山江御帰り之事、板ニ而猪子壹疋犬取候事

同　廿九日

一、江梨山御出船御帰館之事

一、御狩中御獲物

一、大女鹿壹疋　柴　弘吉打留

一、子鹿壹疋　前田藤九郎打留

一、二ノ俣壹疋　森田貞吉打留

一、四才猪壹疋　　先　生　御打留
一、スル壹疋　　服部峰次郎打留
一、スル壹疋　　山　田　山　蔵打留
一、子鹿壹疋　　狩人　和　助打留
一、大鹿壹疋　　前田藤九郎打留
一、大女鹿壹疋　　矢田部慶雲打留
一、三才猪壹疋　　中村小源次打留
一、大鹿壹疋　　中村千三郎打留
一、子鹿壹疋　　犬取
一、猪子壹疋　　同断
一、スル壹疋　　生取之事
都合拾四疋、内貳疋犬取之事
但シ生取之義は荒鹿ニ而梅ヶ浜ゟ海江出、夫ゟ矢田部慶雲、前田藤九郎、江梨村鍛治屋芳兵衛都合三人ニ而沼津鹿買船ニ乗組縄を掛ケ引揚候事、夫ゟ御狩中江梨村名主平左衛門こやし小屋江入置御帰り之節口野迄船ニ乗同所ゟもつこうニ乗セかつぎ参り候事

十一月五日

一、名古屋山御狩有之、御途中ゟ雨天ニ而うきな山下狩被遊直ニ御帰館之事
但シ御獲物無之、塾中御供之者前田、高木

同　六日

一、名古屋山御狩有之、御獲物中村小源治三才猪一疋打留之事

同　七日

一、山木御林御狩、夫ゟ名古屋江御越之事
但御獲物無之事

同　十二日

一、江梨山御狩早朝御出立之事
右塾中御供之者前田藤九郎、高木伝

同　十六日

一、井田山江御越同村弥吉方江御泊り之事

同　十八日

一、井田山ゟ江梨山江御帰り之事

同　廿二日

一、江梨山御出船御帰館之事
但御狩中御獲物左之通り
一、大女鹿壹疋　　森　田　貞　吉
一、同　　鍛治屋芳兵衛

一、同　　森田貞吉
一、同　　前田藤九郎
一、子鹿壹疋　　望月大象
一、同　　右同人
一、同　　森田貞吉
一、四ツ女鹿壹疋　　口野村名主悴 武平
一、大鹿壹疋　　犬取
一、大女鹿壹疋　　狩人和助
一、猪之子壹疋　　犬取
一、子鹿壷疋　　鍛治屋芳兵衛
一、猪之子壹疋　　犬取
都合拾三疋内三疋犬取之事
同　廿五日
一、夜中大急御用状着　先生御義此度下田表御備向之義ニ付御
詰有之ニ付御出府被遊候趣申来り候事
同　廿七日
一、御出府ニ付今朝六ツ時分御出立之事、但在塾之者、前田藤
九郎、高木伝、但在塾之面々例之通木戸迄御見送り致候事、
但清服之事

同　廿九日
一、台山辺手をゐ猪居候ニ付御屋敷犬拝備而罷出候ニ付岩島源
八郎ゟ在塾之者江も可参様申候義故御役人江不伺参り候事、
但在塾之者、前田藤九郎、高木伝
但猪子壹疋犬取之事
十二月五日
一、服部峰次郎御留守御機嫌為伺と、参塾之事、即刻帰国之事
一、今日大村春斎と申医師江戸表（より）沼津江参り候ニ付参
上致候事
同　七日
一、今日御林竟焼有之、跡ニ而狩有之ニ付中村清八迄聞合参り
候事、右在塾之者、前田藤九郎、高木伝、獲物無之
同　九日
一、今日名古屋山猪居候ニ付松岡迄相達参り候事、右在塾之者
右同断、獲物無之
同　十日
一、台山辺大猪居候ニ付右同断之事、獲物無之
同　十九日
一、服部峰次郎寒中為御機嫌伺参塾之事、即刻帰国之事

十二月廿五日

一、節分之御祝義若様迄申上候事、尤麻上下之事、在塾之者前田藤九郎、高木伝

同　廿九日

一、今晩在塾之面々麻上下ニ而歳末之御祝義若様江申上候事

嘉永六年

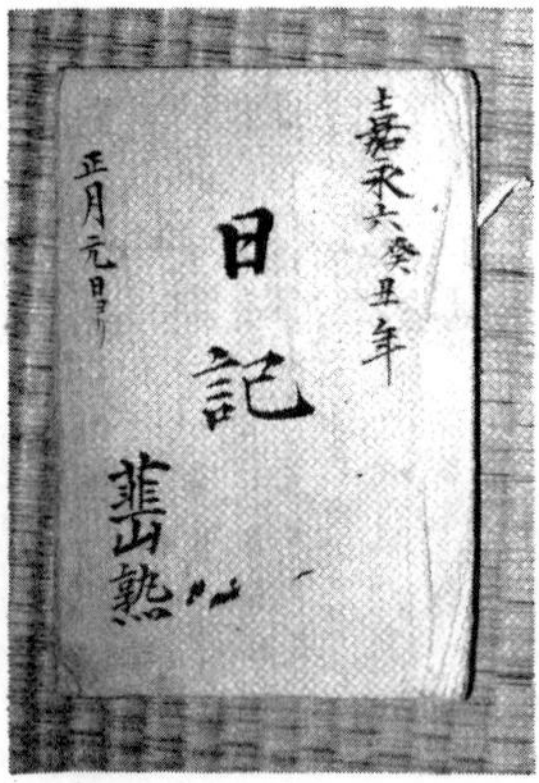

正月元日

一、在塾之面々麻上下着用ニ而年頭御礼申上ケ尤先生御義御出府ニ付若様江申上候事、夫ゟ御台所并御長屋江も参り候事、右在塾之面々左之通り

前田藤九郎

高木　伝

一、昼後ゟ小筒稽古初メ在塾之面々并ニ御台所御長屋不残麻上下着用ニ而三発宛稽古致候事

同　三日

一、山木山御林鹿狩在塾之面々中村清八迄申達シ参り候事、但

し獲物無之在塾之面々右之通り

同　六日

一、田中山狩有之ニ付右塾之面々八田氏迄申達し参り候事、獲物無之

同　十一日

一、御具足開ニ付例之通り御汁粉并ニ御酒御吸物等被下候ニ付麻上下着用ニ而頂戴致其侭御礼申上候事、在塾之面々右之通り

同　十二日

一、名古屋山狩有之ニ付参り候事、勿論前田藤九郎少々風邪ニ付不参之事、獲物猪之子壹疋犬取

同　十七日

一、服部峰次郎年頭御礼として参塾之事、即刻帰国之事

同　十八日

一、一昨十六日早朝ゟ雪ふり出し今日夕刻迄昼夜ふ（り）続申候事

同　十九日

一、明日松岡正平江府出立ニ付同人迄先生御機嫌伺申上候事、在塾之面々右之通り

同　廿一日

一、田中山狩有之右在塾之面々八田氏迄申達シ参り候事、但獲物無之

同　廿五日

一、今日沼津藩宮山千之助、稲垣源次兵衛、芹沢三五郎、年頭御礼として参塾之事、即刻帰国之事

二月二日

一、今日朝四ツ時頃ぢしん余程強く其後九ツ時迄四度其後同日夜都合昼夜ニ而拾壹之ぢしんニ而最初之一度ニ而は所々破損之処も有之由

二月七日

一、今日初午稲荷祭礼ニ付御赤飯并御にしめ被下置候、即刻安井晴之助を以て御礼申上候事

二月廿三日

一、山田熊蔵立帰り帰宅今朝出府ニ付同人江先生御機嫌伺申上候事

同　廿四日

一、服部峰次郎参塾即刻帰国之事

三月二日

一、二尾稲荷御祭礼ニ付例之通り御赤飯御にしめ被下置候事、即刻安井晴之助を以て御礼申上候

同　三日

一、上巳之御祝義先生御出府中故　若様江申上候、夫ゟ御長屋江も参り候事

同　廿九日

一、若様御不快ニ付前田藤九郎、高木伝両人八田氏を以て御機嫌伺申上候事

四月三日

一、服部峰次郎参塾之事即刻帰国之事

同　六日

一、今暁御男子様御出生ニ付前田、高木両人八田兵助を以て御歓申上候事

同　十一日

一、今日御誕生様御七夜ニ付御赤飯被下置候事、但シ麻上下着用頂戴其侭安井晴之助を以て右御礼申上候事

同　十五日

一、服部峰次郎参塾即刻帰国之事

一、中村清八明日出府ニ付前田、高木両人　先生御機嫌伺右同人迄申上候事

同　十九日

一、前田藤九郎江戸表ゟ召状至来ニ付今朝出府致候事

一、右ニ付同人を以先生江御機嫌伺申上候事

高　木　　伝

五月五日

一、端午之御祝儀先生御出府中ニ付若様へ可申上処少々御不快ニ付八田兵助殿迄右御祝儀申述候事

但シ御台所御長屋廻勤之事

一、籌之助様御初節句ニ付御酒御赤飯被下置候事

但シ麻上下着用頂戴其侭安井晴之助を以右御礼申上候事

高　木　　伝

同　九日

於江戸表ニお千賀様御安産被遊候ニ付八田兵助殿を以右恐悦申上候事

但シ制服之事

高　木　　伝

前田藤九郎義御用之義有之出府致御用相済早速帰塾可仕処、幸友平英大森ニ而(ママ)稽古打有之候ニ付罷出度旨相願右稽古打相済候迄滞留致候事

同　十五日

先生御儀去年霜月ゟ御出府之処今度下田表之儀御下知有之候ニ付去ル十三日江都御出起ニ而三日御道中、無御滞今七ツ半時頃御韮着被遊候事

但シ例之通り制服ニ而木戸迄御出迎致候事

高　木　伝

一、小野田釘次郎様御同道被遊候事

同　廿日

一、今日前田藤九郎江戸表ゟ引取候事

同　廿三日

一、今日岩倉鉄三郎、鹿沼泉平、肥田金之助参塾之事

但し金之助義は初而也

右ニ付玉先金三人共金貳朱ツ、差出ス、金之助は初而入塾ニ付道具料是又差出候事

一、今日ハントモルチールニ而カラナート四発リフトコーケル貳発五丁場前後ニ而御試打有之事

一、今日ゟ岩倉鉄三郎月番相勤候事

同　廿七日

一、沼津ゟ服部、宮山、稲垣、三人御機嫌伺として罷越即刻被帰候事

六月朔日

一、今日早朝ゟ口野村江為御殺生御出被成候、在塾之面々一同御供御帰宅六ツ時過頃

同　三日

一、今日三浦、服部参り夕刻引取

一、今夕七ツ半時過下田表ゟ異国船渡来内四艘は浦賀之方へ乗込外貳艘下田沖ニ相見へ候段大急注進候ニ付早速御出張御支度被成候而夜九ツ時頃御出張也

右ニ付在塾之面々前田、高木、鹿沼、肥田、岩倉、五人之面直様江戸表并相州御備場へ被越候様被仰聞候ニ付四日暁韮山出立致候事

同　十七日

一、今日肥田、岩倉、両人相州表ゟ爰元へ引取、鹿沼氏は途中ニおゐて不快ニ付陣屋へ相戻り全快之上罷越候事

一、此度急御用ニ而御勘定方ゟ下田表へ御用状出来依而当十五日下田表ゟ御帰韮翌十六日韮山御出立被成候事

同　十八日

一、岩倉鉄三郎義用向有之、明朝江戸表へ立帰出府致候事

同　十九日天

同　廿日　天

同　廿一日天

一、先生御義去ル十九日於　御前吟味役格為　仰蒙候旨江戸表
ヨリ申越候ニ付今朝松岡迄右御歓申述候
但し正服之事

肥田金之助
藤枝勇次郎
住人旅客之義ニ
付平服之事

同　廿二日天

同　廿三日天

一、沼津ゟ三浦、服部、宮山、稲垣四人御歓として参塾即刻帰国之事

同　廿四日

同　廿五日

一、顕徳院様御法事ニ付二ノ膳附御飯頂戴
右御礼岩倉氏迄申上候事、但し正服之事

肥田金之助
藤枝勇次郎
住人旅客之義ニ
付平服之事

六月廿九日

一、法寿院様御逝去ニ付今日ヨリ来月五日迄御停止之事

七月

一、鹿沼泉平今七ツ半過着塾之事

同　三日

一、肥田金之助義走り疔相出来候ニ付為療用と鹿沼泉平同道ニ
而松岡氏へ相届ケ昼時ゟ古名村（古奈村）何ノ允斉とか申候
医者迄罷越候処、同医療治も無思束候ニ付罷帰り、八ツ時過
ゟ沼津公藩医柳下某とか申候医者方へ罷越申候、右同断松岡
氏へ相届申候事

一、夕刻頃新島ゟ異船三浦郡さして壹艘走り候由注進ニ付夜五
ツ時御用状御出張先被差出候事

同　四日

一、申ノ下刻肥田金之助、鹿沼泉平帰塾、松岡氏へ右之趣相届
候事

一、午ノ刻過下田ゟ異船壹艘相見候由猟船の者見付候段注進有

之候、尤是ハ昨日新島ゟ注進之異船と同様ニ有之候事

同　七日

一、当日之御礼麻上下着　先生御留守ニ付若様江申上候事、并御台処御長屋等江相廻候事

同　十三日

一、今日ヨリ十六日迄盆会中ニ付諸稽古休ミニ相成候事

同　十八日

一、夜六ツ半時頃慧星出候事

同　十九日

一、勇次郎義今日出府致候事

同　廿一日

一、服部峰次郎参塾即刻帰国之事

同　廿三日

一、公方様薨去ニ付鳴物高声殺生御停止被仰出候趣松岡氏ゟ達シ有之候事

但右ニ付鉄砲は勿論槍剣読書類一切相止候事、木筒手前槍之素こき等も不致候事

一、西丸様ヲ公方様と可奉称候事

同

一、小声ニ而素読致候而宜旨柴氏ゟ返詞有之候事

同　八日

（次の「」の部分は八日の下に二行に書いてある）

「丑七月廿八日柳生播摩守ゟ差越ス貳通、松平和泉守様（左に殿とあり）御渡御書付之写」

一、御直参之面々御初七日過髭剃可申候

一、陪臣者御初七日過月代剃可申候

但御目見仕候陪臣義同断

右之通可被相触候　大目付江

八月

二日　高家雁ノ間詰同嫡子菊ノ間縁頬詰同嫡子

三日　溜詰同格御譜代大名

五日　惣出仕

六日　諸番頭諸物頭諸役人寄合

七日　外様万石已上

九日　溜詰同格国持并庶流四品以上

右之通為伺御機嫌出仕候様可被相触候

七月廿八日

丑七月廿八日篠山攝津守ゟ差越ス牧野備前守殿御渡御書付写

前同断　大目付江

御出棺之御当日御本丸は白帷子麻上下、西丸は染帷子麻上下
着用之事

右之通可被相触候

七月

御中陰中ニ付八朔御祝儀御礼無之流ニ相成候事

一、八月朔日御本丸西丸　殿中染帷子麻上下着用之事

右之通可被相触候　七月

八月四日

午上刻　御出棺　御出棺御当日外御代官方役所休日之趣ニ被聞御心得とし而懸御目申候

酉上刻　御葬送

右之通ニ付被得其意向々江可被達候

七月

右貳ケ条は奉行衆ゟ惣御代官方江之御廻状之内ニ有之手廻
として此分懸御目申候

御目見以下之者共　御本丸西丸并来ル廿八日ゟ月代剃可申
候

一、見(ママ)以下其外軽き者共明四日ゟ月代剃可申候

右之通可相触候　八月三日

右之通御書付出候間写遣候　可被得其意候

川　左衛門尉
本　加賀守
松　河内守
石　土佐守

最寄廻状　江川始 大竹留

追而廻状刻付を以早々順達留り御殿にて可被相返候事

同　十五日

一、今日高木伝江戸表ゟ帰塾之事

一、今日八田兵助江府出立ニ付同人迄　先生御機嫌伺申上候事、
在塾之面々左之通り

鹿沼泉平
肥田金之助

同　廿四日

一、沼津ゟ服部峰次郎参塾即刻帰国之事

同　廿五日

一、今日高木伝江戸表江引取候事

九月二日

一、今日ゟ砲術稽古之分宜旨柴氏ゟ通詞有之候

同　七日

一、先生御帰も不相知ニ付、金之助、泉平、両人引取候様　先生被仰聞候趣岩倉ゟ先月中申来候ニ付明八日御塾引払両人共江戸表江出立致候ニ付月番帳面箱其外玉先一条金子三両三分貳朱と銭貳百文并道具料七百六十一文松岡氏相頼ミ預置申候事

嘉永七年

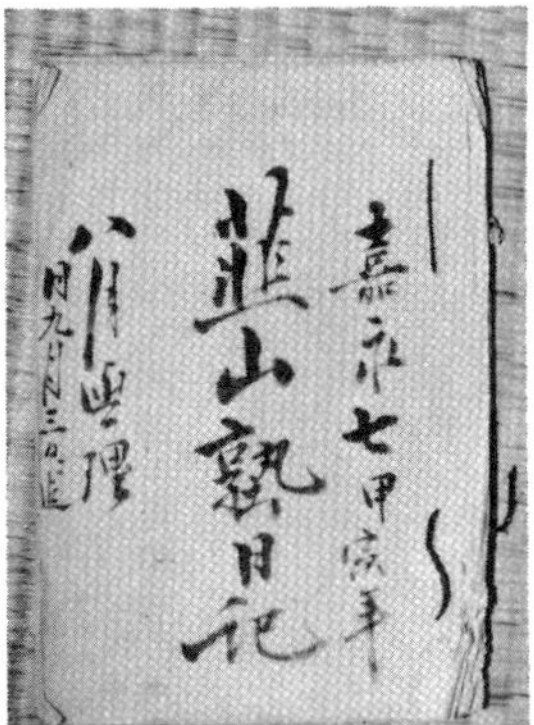

八月八日　曇

酒井伝内
松本常葉
一瀬一馬
酒井伝次
清水保蔵
免束五十馬
須藤直蔵
池田彦四郎
堀田千右衛門

杉浦山平
佐藤丈之助
梅沢権之進
畑田金之助
笠原雄二

右之面々夕刻参塾之事

一、即刻一統江御逢被下候

同　九日　曇

一、角前稽古いたし候事

同　十日　雨天

一、角前稽古致候事

同　十一日　快晴

一、角前稽古いたし候事

酒井伝内
松本常葉
免東五十馬
清水保蔵

右之面々製薬致候付吉田辺江為用達罷越候事

堀田千右衛門

酒井伝次
杉浦山平
佐藤丈之助

右之面々製薬致候付三島辺江為用達罷越候事

同　十二日　快晴

一、先生七半時之御供揃ニ而駿州口野村江御釣被為入候付塾一統御供被仰付候事

一、八半過口野浦ゟ御帰館之事

一、御帰館後御釣魚一統江被下置候ニ付以修三殿一統御礼申出候事

同　十三日

一瀬一馬
須藤直蔵
池田彦四郎
畑田金之助
笠原雄二

右之面々製薬致候ニ付沼津辺為用達罷越七時半頃帰塾いたし即刻御台所江罷出御届申候事

同　十五日　曇

一、昼後よりブラント製ドントル製いたし候事

一、八幡御祭礼ニ付塾一統江御赤飯被下ニ付即刻以篤蔵殿御礼申上候事

一、明日江梨江御鹿狩被為入候ニ付御供致候様被仰出候事

一、昼後先生塾江御出之事

同　十六日　快晴

一、先生六半時之御供揃ニ而江梨山江御狩被為入候付一統御供いたし候事

但権之進壹人病気ニ付御供不仕候事

一、先生五半時御出立八時頃江梨江御着先ゟ直様山ニ而御狩有之、夕七半時過御小屋ニ御着、此日御得物無之

同　十七日　快晴

一、四半時過ゟ井田道径中尾山ニ而御狩有之先生ハ直先ゟ瀬洞江御泊山ニ被為入候事

一、此日大鹿一疋御打留有之候事

一、服部峰次郎御小屋江着候事

同　十八日　快晴

一、五時過ゟ瀬洞朝日山夕日山傾城洞ニ而御狩有之、此日先生四歳牝鹿御打留有之、スル壹疋犬取候事

同　十九日　風雨

一、今日雨天ニ付御狩無之候

一、四時頃雷鳴

同　廿日　風雨

一、先生四時過御小屋御出立ニ而八半時過御帰館

一、御帰館後一統御供之御礼申上候事

一、服部峰次郎江梨ゟ御供ニ而参塾之事

同　廿五日　快晴

一、先生五半時御出立九時頃名古屋被御着先ゟ直畑山、平山、松田ニ而御狩有之、暮六時頃御帰館、今日御獲物無之、猪之子一疋犬取候事

一、御帰館後一統御供之御礼申上候事

一、今日服部峰次郎帰宅之事

同　廿七日　快晴

清水保蔵

免束五十馬

一、右之面々沼津江為用達罷越候事

一、先生本龍（立）寺江御仏参として被為入候ニ付御出帰共一同御玄関迄罷出候事、且梅沢権之進様は病中ニ付罷出不申候

一、三浦佐太郎参塾即刻帰宅之事

同　廿八日　快晴

一、先生今日反射炉被為入候付御出帰共一同御玄関迄罷出候事、
且梅沢前日同断之事

同　廿九日

一、池田彦四郎伺之上三島宿辺江為用達罷越候、且免束五十馬
儀反(百カ)打角前稽古いたし候事

同　晦日　雨天

一、先生反射炉江被為入候ニ付塾一同御供被仰付候事

一、恵沢次右衛門、荒木藤七郎七ツ半時過入塾之事

一、右両人参塾ニ付　先生御目通江罷出候

一、反射炉御供帰塾之上一統御礼申上ル

九月朔日

一、今度参塾之面々入塾金差出候名前

恵沢治右衛門
清水保蔵
堀田千右衛門
杉浦山平
笠原雄二
梅沢権之進
畑田金之助
免束五十馬
須藤直蔵
松本常葉
佐藤丈之助
酒井伝内
一瀬一馬
酒井伝次
池田彦四郎
荒木藤七

右之面々入塾金壹人前壹〆百五十九文宛差出都合貳両三分壹
朱銭三百〇貳文、今度帰塾ニ付松岡氏江相頼ミ先々ゟ之在金
合セ六両貳分貳朱ト銭九百〇八文同人江相渡ス

一、池田彦四郎義帰塾之節下田表江相廻度　先生江申上候処可
相廻旨被仰渡候、依之明二日出立いたし候

一、先生今日御検見夫ゟ直ニ江戸表江御出立之所天気相、且御
用多ニ付御延引相成申候

二日　雨天

一、今朝池田彦四郎儀下田表掛帰塾いたし候

一、明四日塾之者拾壹人出立ニ付御長屋へ為暇乞罷越ス、且先生御逢被成下候

三日　晴

一、未明ニ出立左之面々江戸表江罷帰（越を帰に改めてある）申候

酒井伝内
同　伝二
免束五十馬
須藤直蔵
松本常葉
一瀬一馬
堀田千右衛門
杉浦山平
佐藤丈之助
笠原雄二
畑田金之助

一、先生九ツ時過江戸表江御出立之被遊候事右ニ付恵沢次右衛門、荒木藤七郎、清水保蔵、梅沢権之進御門前迄御見送仕候

一、昼後反射炉江右四人之者為拝見罷越申候

一、右四人之者明四日江戸表江罷帰ニ付若様江御暇乞中村小源次殿迄申上候、夫ゟ御長屋江暇乞罷越御台所江も罷出候事

一、塾日記等取調松岡殿江預置候

一、塾中跡取（仕）舞之義は家来清兵衛江相頼未明ニ出立致候

（韮山塾日記了）

関連史料

小川家史料
江川家史料

次に小川家蔵関連史料の紹介をしておく。内容により一部は目録のみとした。

次の「書留」は筆者不明であるが、当時の砲術関係書の抜書と思われる。〔 〕内は割注の部分である。

書留

バネ地鉄鍛方

鉄ノ鍛タルヲ貳分、ハカネノ鍛タルヲ七分、鉄ノ鍛タルヲ壱分、右三品ヲ重ネ四反折カヘシ鍛ヒ上ゲ、四枚ニ切リイズワハガネノ一通リニ鍛タルヲ四枚、前ノ鍛タル四枚ノ間ヘハサミ八枚ニイタシ、其ヲ鍛上ケ地鉄ニ用ユ

素麵巻張地鉄〔巻鉄幅八分ノ処六七分ニ可致旨追而御口達有之〕

イズワハカネヲ水折〔コレハハカネヲワカシウチツフシタルヲ云フナリ〕ニイタシ、積カサネ鍛タルヲ四分、コレヲ弐枚ニイタシ鍛タル鉄ヲ六分、コレモ貳枚ニイタス、右ヲ重ネテ四枚ニナル、コレヲ一反キタヒ切リカサネ八枚ニナル、又一反キタヒ切リカサネ拾六枚ニナル、又コレヲ一反キタヒ切リカサネ三十貳枚ニナル、コレヲ鍛ヒ延シ巻カネニス

七反鍛地鉄

古鍬ヲ七反折返シ鍛タルヲ七分、コレヲ弐枚ニイタシイズワハカネノ鍛タルヲ三分、コレモ弐枚ニイタス、右四枚ヲ重ネ一反キタヒ切リカサネ八枚ニナル、コレヲ一反キタヒ又切カサネ拾六枚ニナル、コレヲキタヒ延シテ巻カネニス〔巻鉄幅八分ノ処六七分ニ段旨追而御口達有之〕

右ハ古鍬ヲ以テ鍛ル方

古鎌ヲ七反折返シ鍛タルヲ五分、コレヲ貳弐ニイタシイズワハガネノ鍛タルヲ弐分、コレモ弐枚ニイタシ鉄ヲ鍛タルヲ三分、コレモ弐枚ニイタス、右六枚ヲカサネ一反キタヒ切カサネ拾貳枚ニナル、コレヲ一反キタヒ切カサネ弐拾四枚ニナル、コレヲキタヒ延シテ巻カネニス〔巻鉄幅八分〕

右古鎌ヲ以テ鍛ル方

小砲ノ筒エ地紋ヲツクル方

阿蘭陀貢献ノ二挺掛ノ小筒縦横ニ素麵巻ノ如キ判紋有之、右ハ地鉄ノ鍛方ニ可有之トオモヒシ処左ニアラス、筒ヲ最上ノ磨ニイタシ蠟ヲ一面ニ塗リ求ル処ノ地紋ヲ彫リスカシ、ソノ上ヘ

ステレキワートルヲ塗ルトキハ蝋ノ処ハノガレテスキタル処ノミ腐レ込ミ地紋アサヤカニシル、ナリ。

ステレキワートル製法

一硝石　百五拾匁
一ローハ　百五拾匁

右ローハヲ能クイリ、二味合セ火ニ強キ徳利ニ入レ火ヲカケヤク。初ハ火ヲ弱クシ後ニハ烈火ニス。

トンドル製法

一、ステレキ　拾匁
一、水銀　壱匁
一、アルコール　拾匁

右水銀ヲステレキニ入レ解ケダルトキアルコーレヲ入レ沸涌《ムシ》終テ後水ニテ洗フ。

トントル調和製法

一、トントルフートル　一ホント
一、水　三拾匁

一、硝石　半ホンド

右三味合セ管ノ内エ二毛ツ、可込

火薬製法

一、硝石〔清製〕　百匁
一、硫黄花　二十匁
一、木炭　二十匁

第二法

一、硝石〔清製〕　百匁
一、硫黄花　二十匁
一、木炭　十五匁

第三法

一、硝石〔清製〕　三百八十匁
一、硫黄花　四十五匁
一、木炭　七十五匁

ヒュルペールサス製法

一、硝石　七匁
一、硫黄　壱匁

一、木炭　三匁

第二法

一、硝石　四匁

一、硫黄　壱匁

一、末火薬　七匁

ボイセンサス製法

一、火薬　七拾五匁

一、硝石　二拾四匁

一、硫黄　拾貳匁

第二法

一、火薬　六拾五匁

一、硝石　二拾四匁

一、硫黄　拾貳匁

シュンドルスサス製法

一、硝石　九匁

一、硫黄　五匁

一、末火薬　拾貳匁

一、レインヲーリー　カンノハ

第二法

一、硝石　拾六匁

一、硫黄　九匁

一、末火薬　四匁

一、レインヲーイー　二滴

フリユススタンゲン製法

水六合硝石一合コレヲ鍋ニ入レ火上ニテ合セノリ紙ヲ暫時積置水ヨリ出シ板ニ附置暫時水ヲ切リコレヲ縄ニカケカハカスベシ。

ブラントコーゲル製法

〔二十トイムモルチール弾ニ用ル調合〕

一、硫黄　百二拾匁

一、硝石　百八拾匁

一、黄蝋　百二拾匁

一、麻スサ　拾五匁

一、半砕合薬　一貫六百二拾匁

一、チヤン　六百匁
合二貫五百五拾五匁

リフトコーケル製法
〔二十トイムモルチールニ用ル調合〕
一、硝石壱貫二百匁　壱貫二百匁
一、硫黄　四百八拾匁
一、末火薬　二百二拾匁
一、アンチモニー　百二拾匁
一、黄蠟　二百四拾匁
一、麻スサ　拾五匁
一、松脂　三百六拾匁
合二貫六百五拾五匁

ダンフコーゲル製法
〔二十トイムモルチールニ用ル調合〕
一、硝石　一貫八拾七匁四分
一、硫黄　三百六拾貳匁五分
一、石炭　百八拾壱匁二分

一、チヤン　九百六匁壹分
一、松脂　百拾七匁八分
合二貫六百五拾五匁

ホルレコーゲル製法
〔ナミトイムニ用ル調合〕
一、硝石　十六分　一貫四百四拾匁
一、硫黄　八分　七百二拾匁
一、末火薬　三分　二百七拾匁
一、松脂　壹分　九拾匁
一、チヤン　壱分　九拾匁
一、蝋　半分　四拾五匁
一、ヘ子チヤテレメンテーナ　二分　百八拾匁
一、スペーキ油半分　四拾五匁

ゲスインドロンド製法
木綿糸三筋或ハ五筋ヲ「アルコール」ニテ「ゴム」ヲトキ「末火薬」ヲネリソレニヒタシ暫時置キ取出シ糸カケニ掛ケカハカスベシ

ボムベンブラントサス

又　ゲスモルテン製法

一、硫黄　拾六匁

一、硝石　四匁

一、末火薬　四匁

一、火薬　壱匁

ガカンノサス製法

一、火薬　四匁

一、硝石　壱匁

ゲスウインドベーヒースサス

末火薬ヲ以テ製スベシ

フルキット製法

一、黄蠟　三百匁

一、松脂　百五拾匁

一、チヤン　四百五拾匁

一、ヘット　目分量

カラメイ製法

緑礬油ノ黒色ヲ帯タルハ水八倍ヲ合ス。平常ノ緑礬油ニハ水三倍合ス。ソレエ「トタン」ヲ入ル。トタンニ量法ナシ。「トタン」トケツクサザルヲ以テ法トス。トケ残タル「トタン」ハ其中ヨリ出シ緑礬油トトタントヲ合セタル品ヲ土鍋ニ入レ没火ニテ七分煎シツムヘシ。

丈尺

ルーデ

三丈二尺八寸八分八厘九毛

エル

三尺二寸八分八厘九毛九

パス

二尺二寸四分八厘

パルム

三寸二分八厘八毛八九

ドイム

三分二厘八毛八八九

ステレーフ

三厘二毛八八八九

秤量
新衡ホント
二百六十六匁八分一厘四毛
ヲンス
二十六匁六分八厘一毛四四四
ロード
二匁六分六厘八毛一四四
ウイクチー
二分六厘六毛八一四四
コルレル
二厘六毛六一四四

薬品秤量
新ホント
百匁零零零五厘五毛
ヲンス
八匁三分三厘八毛
タラーグス
壱匁零四厘二毛
シキリユープル
三分四厘七毛
ゲレーイン
壱厘七毛壱
古ホント
九十八匁四分八厘八毛八
ヲンス
八匁二分零七毛
タラークス
壱匁零壱厘六毛
シキリユーフル
三分四厘二毛
ゲレーフル
壱厘七毛

右ニ挙タル度量近来改定スル処ノ新尺量ヲ以テス、此外別ニ「アムストルタム」エルト名クル尺「アムストルタム」ホンドト名クル秤アリ。又子ードルランス和蘭七州ノホント又子ードルランスヱルト名クル者アリ。今其差異ヲ左ニアグ

アムストルタム

ホント

百三拾貳匁三分六厘八毛二

エル

二尺二寸六分零八毛五

子ートルランス

ホント

二百六十七匁九分零二毛四

右ノ外パルム、ドイム、ステレーフノ如キ推テ知ルヘシ。和蘭ハ一昼夜ヲ平等ニ分チ二十四吃トナス。故ニ和蘭ノ一時（ユウル）ハ我カ半時ニ当ル。

弾径

鉛弾若シ鉄弾径ヲ求ント欲スル者ハ鉛弾ニ定法一個　二三二六ヲ乗ス

（次に数表あるも略す）

（弘化元年、二年稽古打記録）

この記録首尾を欠くが、文中の記録により弘化元、二年、韮山で行われた稽古打の記録である。

次にその大要を紹介する。

稽古日は元年三月は十日、　四月、二十五日、　五月、十三日、六月、十九日、　七月、二日、　八月稽古なし、九月、四日、十月、十日、十一月稽古なし、十二月、十日、

弘化二年正月、十九日、　二月、十一日、である。稽古はほとんど連日行われ、しばらく休んで再び行われている。

標的の大きさはほとんど八寸角で、まれに一寸八分、二寸、四寸、五寸がある。但し元年三月二十七日のみは五尺八寸角、ダライバス壱丁半余の記録がある。

使用銃はヤーケル、ゲヘール、火縄筒の語が散見する。

個人の稽古記録を、的中は●、標的板にあたったのは□、的中しなかったものは一で示し一人一回十発が普通であるが、まれに一人二回以上数回の稽古をしている。嘉永二年正月十三日は六人で延十六回、二月二十七日は十人で延五十二回、最高十四回一人、十一回二人、三回三人、二回三人、一回一人、同二十九日は十一人で延三十七回の稽古を行っている。

稽古の種類には、早打、立早打、早合打、貳発勝負、壹発勝

負附、等の語が散見し、特に「四季打」「天地人え扇面之景物」の語はおもしろい。前者は射手を春夏秋冬の四グループに分け、標的も八寸角、五寸角を四分しての稽古で、しばしば行われている。後者は詳細不明であるが、当時の最新式洋式砲術において、この様な日本的な表現をしていることは、高島流砲術にとって決して本質的なものではないにしろ、興味深いものである。

次に塾生の氏名を記録にあらはれる順に記しておく。

弘化元年

一月晦日　竹田作郎
　関　隆蔵
　友平　栄
　金児忠兵衛

三月二日　斉藤磧五郎
　片井京助
　加藤励次郎
　根本萬蔵

三月廿八日　山北金七郎
　林　権蔵

三月晦日　尾崎叔曹

四月十六日　井狩作蔵

十二月十八日　長　久治郎
　馬場　廉

弘化二年

一月十七日　吉村平八
　岩倉鉄三郎
　肥田波門
　松野新七郎

尚二月二十九日の塾生十一名の氏名をあげておく。記録の前期と相当異ったメンバーである。

肥田波門、吉村平八、馬場廉、岩倉鉄三郎、関隆蔵、長久治郎、友平栄、松野新七郎、井狩作蔵、金児忠兵衛、斉藤磧五郎、

他の史料目録

一、　月番箱

（箱のフタ表）

弘化三丙午年春三月ヨリ
諸書類入
塾執事

（同裏）〔塾月番入用箱〕

箱の大きさ　タテ29㎝　ヨコ17.9㎝　深サ4.9㎝

二、〔大筒稽古之節矢先地所一件出金〕

「弘化五戊年春正月より」と傍記あり、砲術稽古の際百姓への畑荒しの補償として一人より金ニ朱集金した記録であるが、補償金支出の記録はなく、日用品購入、下男給金立替の記録が数例ある。嘉永四年十月十九日で終っている。

三、

嘉永二己酉年八月改之
塾雑用勘定月番順
カノーン類ホンベン類表上順
角前弾丸員数書上順
韮山塾

四、

嘉永三庚戌年
道具料出金帳
九月廿二日

覚

一、塾中道具料として初而入塾之面々銭壹貫百五拾九文ツツ出銅可有之旨先々ゟ取極居候処此間中遣切、且新入塾之者も無之候間、其侭相成居候、然処此度鹿沼氏入塾ニ而出銅致し候、右付此迄勘定之節少々ツツ相残り居候報徳銭貳百五拾七文差加へ合而金貳朱ト銭六百貳拾文也。

以下新規入塾者よりの集金、砲術稽古、火薬調製の諸道具の支出記録があり、嘉永七年九月入塾者十六名の集金で終っている。

五、　〔雑用帳〕二部

一部は嘉永二年八月より十二月晦日まで、他の一部は嘉永四年正月より十二月二十八日までの、米、副食、日用雑費、下男給金支出の控で、両者共「韮山塾」の記名がある。

六、〔御米通〕

嘉永元年、三年、五年、の三部あり裏に「御向御座敷御客衆中様、山木村半左衛門」とある。

七、〔下男給金帳〕

同類三部あり、弘化五年正月より嘉永二年四月廿九日まで、嘉永二年十一月四日より、三年六月廿日まで、三年十月八日より五年三月廿八日まで、の三部である。弘化五年の部には「韮山塾」の記名がある。嘉永三年の部には、表書に「十月八日新平参候ゟ」とある。

八、〔塾中蓄方雑用留帳〕

嘉永五年正月より六年に至る、食料費副食費の支出控が主で、下男給金支出が一件ある。表書に「韮山塾」の記名がある。

（次は江川文庫蔵の関係史料の一部である）

（表紙）

砲術御門人

束修請払帳

天保十四卯年ゟ

一金百疋　真田信濃守様御家来　佐久間修理

一金百疋　同　河原衛守

一金百疋　同　金子忠兵衛

一金五百疋　足軽拾人

一銀壹枚　松平内匠頭様

一金貳百疋　松平下野守様

一金貳百疋　松平妥女正様

・一金三百疋　松平帯刀様

松平勇之助様

矢部鶴松様

一金三百疋　松平内匠頭様家来　工藤久平　其余のものとも

一金百疋　松前志摩守様家来　竹田作郎
一金百疋　奥津左京様
一金三百疋　松平駿河守様家来　井狩正作
一金百疋　能勢佐十郎様
一金百疋　土井大炊頭様御家来　玉置左津右衛門
一金百疋　同　小山九郎太夫
一金弐百疋　堀田攝津守様御家来　森　慶弥
嶺　荘蔵
松山大吾
浅見釜三郎
近田源三郎
一銀七枚　松平内匠頭様
是ハ明屋敷番伊賀者之御礼
金七両
小以
銀八枚
是は天保十三寅年中御門入束修
江戸ゟ為登候分
一銀弐枚　堀田攝津守様

是ハ歳暮御賄もの
一金百疋　玉置左津右衛門
一金百疋　小山九郎太夫
〆是ハ右同断
一金百疋　佐久間修理
是ハ御餞別として差上候分
一金弐百疋　小形元助
是ハ歳暮として差上候分
一金百疋　能勢佐十郎様
是ハ右同断
一金五百疋　松前志摩守様
是ハ竹田作郎御挨拶
一金弐百疋　岩庭惣助
是ハ歳暮御祝詞
対島百弥
一金弐百疋　岡部内膳正様
是ハ右同断
一金百疋　金子忠兵衛（ママ）
一金百疋　河原衛守
一金五百疋　大野伴右衛門
外九人
〆是ハ右同断
一金五百疋
一金百疋　加藤励次郎
是は門入束修
一金百疋　間宮左衛門様

一金五拾疋　工藤久平

一金五拾疋　岩庭惣助　外三人

一金五拾疋　対島百弥

一金百疋　大野伴右衛門　外九人

一金百疋　松前志摩守様内　斉藤敬五郎

一金百疋　岡部内膳正様内　空(カ)口藤右衛門

一金百疋　荻介左衛門

小以　金八両弐分弐朱
　　　銀弐枚

是ハ天保十四卯年三月従江戸柏木荘蔵持参之分

卯二月
一金五百疋　佐久間修理
　是ハ幕内立入御差免束修御手許ニ有之

卯三月
一銀三枚　堀田攝津守様
　是ハ御家来中砲術稽古として被差出候御挨拶

〃
一金六百疋　森慶弥
　是ハ幕内立入被仰付候束修

一金三両二分　松前志摩守様
　是ハ竹田作郎幕内立入御差免御挨拶
　卯三月従江戸為登候分

卯三月
一銀壱枚　堀田攝津守様
　是ハ森慶弥幕内立入御差免御挨拶

小以　金六両弐分
　　　銀四枚

一金五百疋　松平駿河守様
　是ハ井狩正作門入束修

一金百疋　松平仲様御家来　田辺藤七郎
　是ハ門入束修　坪井霜朝

一金五百疋　鳥居丹波守様
　是ハ御家来友平栄御門入御挨拶并
　結構被為蒙　仰候御歓

一金百疋　河原衛守
　是ハ中元御祝儀

一銀弐枚　松前志摩守様
　是ハ右同断

一金弐百疋　友平栄
　是ハ門入束修

一金弐百疋　松平仲様
　是ハ右同断

一金三百疋　御同人様
　是ハ中元御祝儀

一金百疋　能勢佐十郎様
　是ハ右同断

一金百疋　佐久間修理
　是ハ右同断

一金三百疋　真田信濃守様御足軽　米倉元兵衛　外八人
　是ハ右同断

一金三百疋　土岐豊後守様
　是ハ右同断

一金弐百疋　土岐豊後守様御家来　毛受顕蔵　外五人
　是ハ中元御祝儀

一金百疋　土井大炊頭様御家来　玉置左津右衛門

是ハ右同断

一金五百疋　松平内匠頭様
是ハ右同断

一銀貳枚　堀田攝津守様
是ハ右同断

一三百疋　御同人様
是ハ御下屋敷ニ而備打御座候御挨拶

一金五百疋　松平駿河守様御家来
山北金七郎
是ハ門入束修

一金七両貳分　林　権蔵
此銀拾枚
是ハ馬上砲被進候御挨拶幷兼松繁蔵御懇命相成候御挨拶分

一金貳両壹分　堀田備中守様
此銀三枚
是ハ門人束修

一金貳百疋　高州弥左衛門
是ハ中元御祝儀　外五名

一金三百疋　友平　栄
是ハ門入束修

一金壹両貳分　松平駿河守様御家来
尾崎叔曹
是ハ右同断

一金千疋　松平大和守様御家来
肥田波門
是ハ右同断　外貳人

真田信濃守様御足軽
井口茂助
外拾八人

小以
金貳拾五両三分
銀四枚
是は卯八月清水三郎助江戸ニ而柏木荘蔵雨宮新平ゟ請取来候分

卯　月

一金三百疋　水野出羽守様
是ハ御鉄砲方被仰付候御歓鮮鯛一折之料

合金四拾八両貳分貳朱
銀拾四枚
内　卯年ゟ辰六月中迄
金貳拾五両　払ニ立候分
金五百疋　御手許ニ有之候分

差引
金貳拾貳両壹分貳朱
銀拾八枚

此分辰九月御鉄砲方金銀上払帳出来ニ付右帳面江記元ニ立候分

（表紙）

ホーウヰツスル稽古丁打

弘化三丙午歳霜月廿一日、ホーウヰツスル八丁場稽古打、

傍示八間四方

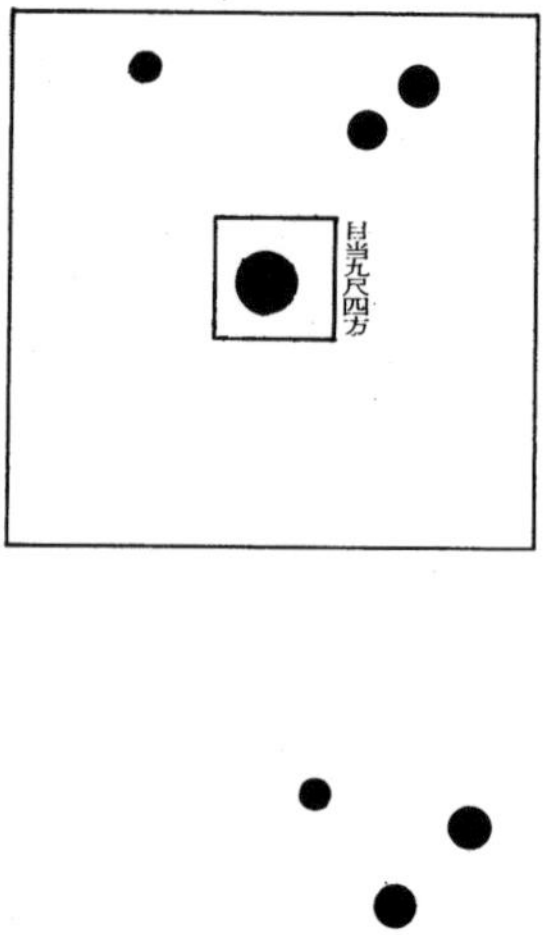

小ホーウ井ツスル
道　一寸八分八厘
壹　番　矢　十度　玉目一〆五十目
割　五十五銭
打六十銭
玉着一間程後目二間越

同
道　一寸五分
貳　番　矢　九度　玉目同断
割　五十五銭
打　六十銭
玉着心通五十間余落

大ホーウ井ツスル
道　二寸
一　番　矢　八度半　玉目一〆八百目
割　百三十銭
打　百二十銭
玉着心通ヨリ二間前一間余越

道　一寸八分八厘
貳　番　矢　八度半　玉目一〆六百目
割　百三十目
打　百二十目
玉着心通ヨリ二間程前目六十間余落

道　二寸
三　番　矢　八度半　玉目一〆九百目
割　百三十銭
打　百二十銭
玉着心通一間余前目七十間程落

道　二寸

四番　矢　九度　　玉目一〆七百二十目

割　百三十銭

打　百二十銭

玉着心通一間前二間越

友平　栄

井狩作蔵

岩倉鉄三郎

関　隆蔵

（表紙）

稽古打表

二十トイム
モルチール

十五トイム
ホーウィツスル

十三トイム
ホーウィツスル

嘉永二年己酉七月廿二日於八町場十五ドイムホウウィツスル稽古打

壹番　　肥田　波門

一カラ　貳貫三百七拾目

道　二寸三分　但壹寸ニ付脈七ツ

割　百五拾目

打　百貳拾目

矢　九度

玉着　六拾八間落八間前切

貳番　　岩倉銕三郎

一カラ　貳貫貳百八拾目

道　二寸三分

割　百三拾目

打　百二拾目

矢　拾度

玉着　拾壹間落四間前切

三番　　　　　　　　　　　　　　三浦佐太郎
一カラ　貮貫三百目
道　二寸三分
割　百三拾目
打　百三拾目
矢　拾度
玉着不詳　　ふ発
四番　　　　　　　　　　　　　　服部峰次郎
一カラ　貮貫三百六拾目
道　二寸三分
割　百三拾目
打　百三拾目
矢　拾度
玉着　拾三間落拾壹間前切
五番　　　　　　　　　　　　　　宮山千之助
一カラ　貮貫三百目
道　二寸三分
割　百三拾目
打　百二拾目
矢　拾壹度
玉着　拾八間落六間前切　不発
六番　　　　　　　　　　　　　　松国弥八郎
一カラ　貮貫三百二拾五目
道　二寸三分
割　百三拾目
打　百三拾目
矢　拾壹度七分
玉着　拾五間許越四間程度後切
七番　　　　　　　　　　　　　　別府信次郎
一カラ　貮貫貮百六拾目
道　二寸三分
割　百三拾目
打　百三拾目
矢　拾壹度

玉着　落越無之四間五尺前切

同日二十トイムモルチール稽古打

壹番　三浦佐太郎

一カラ　四貫五百五拾目

道　二寸五分

割　貳百五拾目

打　百貳拾目

矢　二拾六度

玉着　三拾八間前ニ而中発壹間半後切

貳番　服部峰次郎

一カラ　四貫六百五拾目

道　二寸六分

割　二百五拾目

打　百二拾目

矢　二拾七度

玉着　真通拾五間落

三番　宮山千之助

一カラ　四貫六百四拾目

道　二寸六分

割　二百五拾目

打　百二拾目

矢　二拾七度半

玉着　十八間落十七間前切

四番　一瀬　大蔵

一カラ　四貫五百五拾目

道　二寸六分

割　二百五拾目

打　百二拾目

矢　二十七度七分

玉着　拾間落壹間三尺前切

五番　松国弥八郎

一カラ　四貫七百目

道　二寸六分

割　二百五拾目
打　百二拾目
矢　二拾八度半強
玉着　五間落九間前切

六番　別府信次郎
一カラ　四貫三百貳拾目
道　二寸六分
割　二百五拾目
打　百二拾目
矢　三拾度
玉着　真通的上ニ而中発

七番　一瀬　大蔵
一カラ　四貫七百目
道　二寸六分
割　二百五拾目
打　百三拾目
矢　二拾八度半

玉着　拾間許越六間許後切

壹番　友平　栄
一ブランド《ガラームテ》　七百五拾目
惣目　三貫百八拾目
打　百六拾目
矢　三拾八度九分強
玉着　三拾六間落四拾壹間前切

貳番　三浦佐太郎
一タンプ《ガラームテ》　七百五拾目
惣目　三貫百五拾目
打　百六拾目
矢　四拾五度
玉着　三拾間落三拾五間前切

三番
一リフト《ガラームテ》　七百五拾目
惣目　三貫貳百五拾目

打　百八拾目
矢　四拾四度
玉着　三町落前目切

四番
一リフト　ガラームテ　七百五拾目
惣目　三貫貳百五拾目
打　百八拾目
矢　四拾五度
玉着　壹町余落二拾間程後切

同日拾三トイムホーウィッスル三町場稽古打

壹番
一ホルレ　八百拾匁
打　六拾目
矢　四度強
玉着　七間前ニ而トベリ壹間許後切

貳番
一ホルレ　八百貳拾目
打　八拾目
矢　四度強
玉着　的ノ後壹尺斗高サ三尺許之処ヲ過

三番
一ホルレ　八百目
打　七拾目
矢　四度強
玉着　三尺斗高ク後目ノ上ヲ過ク

四番
一ホルレ　七百五拾目
打　七拾目
矢　四度
玉着　壹間斗高ク壹間半後切

同廿四日夜於八町場二拾トイムモルチール稽古打

壹番
一リフト《ガラームテ》　七百五拾目
惣目　三貫三百五拾目
打　百四拾目
矢　三拾七度強
玉着　五拾間落拾間前切

貳番
一リフト《カラームテ》　七百五拾目
惣目　三貫貳百匁
打　百五拾目
矢　三拾八度
玉着　七拾間落四拾間前切

以　上

友平　栄
肥田波門
岩倉鉄三郎
三浦佐太郎
服部峰次郎
宮山千之助
松国弥八郎
別府信次郎
一瀬大蔵

(塾内諭示)

(表紙なし、表題は文部省史料館のつけたもの)

御侍衆并御家中之子弟江

一、兼日御塾中御取締方被　仰出候後御塾中一統感伏被致格別目立候程之風儀ニ相成候処、御侍衆并御家中之子弟未塾之義有之候而は見方見苦敷次第ニ候得は、兼々被　仰聞候通敬慎節倹を旨と致し、文武之芸は勿論御用ニも可相立技芸ニ至迄余力有之候ハ、、相学ひ、完然たる人物ニ相成、君恩之万分一を報し申度事ニ候間、以後諸稽古怠慢いたし又ハ不礼不作法之義有之候ハ、相互ニ諌め合士風振起致候様致度候事

一、槍劔弓馬は武門之本業ニ候得は申迄も無之算筆ニ至迄御用ニ相立候技芸は余力有之候節相励ミ可被申候事

附砲術之義は当時海防第一之急務ニ候間毎日無怠慢稽古可被致候事

一、読書之義は修身斉家之要道ニ候間時日を相定め輪講会読等闕席無之様可被致候事

未素読不相済ものは毎日昼前無闕席句読を受け可被申候、且手習致候ものは八ツ時迄出精可被致候事

一、詩賦は無用之小技之様申成候族も有之候得とも詩賦出来不申候而は文章は書け不申、文章書ケ不申候而は経史は真ニ解し不申候、経史を解し不得候而は古今之治乱ニ暗く修身斉家之要道も不明候間、時日を定め置詩会相催し可被申候事

且追々文会杯も相催し申度候間余力有之節唐宋八丈家文読本并文章軌範文選等熟読いたし可被置候事

一、洒掃応対進退は小学之始教ニ而子弟たるものゝ職分ニ候間、毎朝早起致し御書院向其外掃除いたし応対進退を相慎ミ書物其外衣類手道具等擲遣に致さす、取始末いたし夜分は四時迄何業也とも出精致し可被申候事

但格別之出精ニ而徹夜等いたし候ものハ神妙之事ニ候得とも無益之雑談ニ夜を深し翌日眠気にて稽古怠候は不埒之事ニ候

一、衣類は兼々被　仰渡御法令も有之、相背候ものも無之候得とも飲食は動もすれハ奢侈ニ趨り易く候間、是亦質素倹約を旨と致し可被申候事

附飲酒は少壮之もの御制禁ニ候間堅いたすましく候、必竟飲酒致候得は次第ニ風儀も乱れ稽古ニ怠り、又は高声ニ相成諠譁ニ至候而は不敬至極ニ候間以後訖度相慎可被申候事

右之条々堅相守都而礼譲を以本と致し不礼不作法之義相慎士風別格奥起致候様仕度候間以後相互ニ咎め合規定相破り不申様可被致候已上

申（嘉永元年カ）
十月

学頭
大石　省三
助教
市川　来吉
望月　大象
森田　貞吉
長沢　鋼吉

（砲術執行心得方書取　　友平　栄）

（これは表紙なく、表題は文部省史料館のつけたものである。友平栄は天保十四年三月より八月までの間に入門し、（砲術

門人束修請取帳、江川文庫）弘化元二、三年の砲術稽古打に参加しており（別掲）、嘉永元年九月七日帰国している（日記）その後、嘉永二年五月より同三年十二月まで五回韮山へ来ているが、嘉永二年七月六日よりの一ケ月滞在を除いて、いずれも短期間である。従って文中「当九月中帰府仕候」とあるのによれば、この「書取」は嘉永元年九月帰藩後、十一月藩主に対して書かれたものの控である。その内容は間接的ではあるが江川坦庵の砲術観が知られ、又帰国後の門人の動静の一端を窺うことのできるものである。尚友平栄は鳥居丹波守家来である。）

高島流砲術是迄開ケ居候分は不及申、江川太郎左衛様御工夫ニ而御開相成候廉々等も夫々御伝授被成下、当九月中帰府仕候、然ル処尚此上執行心得方可奉申上旨御尋ニ付恐なから以書取左ニ申上候、一躰世上流弊ニ而高価之翻訳書等ニ候得は可然物と相心得、唯々議論而已ヲ専と仕候向は、適実験之稽古仕候節聊之儀も差支活用不仕、左候得は臨節甚無覚束段ハ太郎左衛様常々御歎息被成、都而実用第一国家之　御為相成候様厚御教示被成下候義ニは御座候得共活物修業は猶更萬事不参届深懸念仕居候、其上近来歐羅巴諸州之義海陸戦共実験之上発明仕砲術兵書年々渡来仕候由、是迄太郎左衛様ニも多分之御入用ヲ以御買入追々御工夫も御加へ、新規之義相開此上如何様変化可仕哉も難斗、旁終身出精骨折候而も悉皆伝と申場合ニは至ル間敷哉ニ奉存候程之義、別而銃陣兵器製作等ハ度々調練仕候上随風土、利害得失ヲ試工夫不仕候而は難相成次第も可有御座、城製船打銃座等ハ其品夥敷有之、尤只今迄於韮山御製造無之分迄も御伝書類は御渡相成候義ニ付、篤と熟考相分り兼候分ハ雛形等ヲ以相伺候心組ニは御座候得共、其品ニ寄難行届儀も可有之哉、若右様之節ハ勿論、私義是迄経験不仕大筒打試等御座候節も纔之日数御暇奉願、韮山表江罷越稽古仕度、右は此上之修行も肝要と奉存、太郎左衛門様より御沙汰之趣も御座候間、兼而此段御含置被成下候様奉願候、且亦太郎左衛門様江為御任御頼相成候御筒類之義、前以申上置候通り格別御配慮御世話有之候故、御入用も御手軽舶来同様結構御鋳造相成候義ニ而、右ニ付而は御囲玉も御製造被置候様仕度、尤右は銑玉ニ御座候処、市中鋳物師共製作本法、聢と不相弁故数多鋳損等有之候而も利を争ひ外見ヲ而已取繕註文受候向々江差出候由ニ相聞、幸ニして怪我有之趣も不及承候得共、元来猛烈之火術、巣口割レ等仕候節ハ人命ニ拘不容易、甚可恐事と奉存候間、先差当り御囲玉私自身鋳造仕度其上永く心掛無益之御入用ヲ相劣キ、弁理宜御筒御道具類迄追々製作仕置、実地之節速ニ御用立候様仕度奉存候、依而ハ御不用之御場所之内聊之坪数暫之間拝借、製作小屋取建被　仰付候様仕度奉願候、勿論右御入用之義は、先年奉願韮山ニおゐて造立仕候細工場先般同所引払候節金貳両ニ而引請度旨申出候もの有之相譲来候ニ付、右金頂戴被　仰付被下置候得は、別段御入用不奉願心得ニ御座候、右願之通御聞済被下置候儀ニ御座候ハヽ、早々小屋補理製作方ニ取掛申度、尤私而已ニ而は迚も手廻り兼候間　御領内之者人選之上為手伝、往々一廉之御用ニ相立候様教示仕度、然ル時ハ他家又ハ市中職人と違ひ業前之長短ヲ不及論、且は利ヲ被貪取候憂も無御座第一　御一手ニ而万端全備仕候義と奉存候、右は乍恐御勝手向御改革被　仰出候御中、莫大之御手当被下置修行被　仰付、厚　御仁恵之段冥加至極難有仕合深奉恐入候、何卒為聊共　御武備之義相勤度一途ニ奉存過慮之次第をも不奉顧、前書之趣荒増書綴奉申上候、尚委細之義は口上を以可申上候、以上

十一月　　　友平　栄

(次は高島流砲術御用留、同抜書より抄出)

天保十二丑年四月十日朝五時前

此方様御儀御清服ニ而高島四郎太夫方江被為入砲術御門入

一　御肴代　　金五百疋

一　御上下地　　壹　端

右之通被遣之候事

高島流鉄砲調方之儀奉願候書付

私儀長崎会所調役頭取高島四郎太夫砲術伝授請候様当七月中被仰渡候付四郎太夫心得罷在候高島流火術伝来之秘事迄皆伝請候間高島流備打小筒貳拾四挺四郎太夫方江申遣長崎表ニ而相調私豆州韮山屋敷江取寄稽古仕家来とも江も同様常々稽古為致候様(ママ)仕度奉致候依之奉願候以上

丑(天保十二年)

九月　　　江川太郎左衛門

右御願書貳通九月廿二日　御殿御勘定所江出役村尾市次郎持参御居掛御代官方を以可差出処御居掛無之ニ付中ノ間御懸和田勝兵衛殿江申上御同人ゟ村井栄之進殿江御差出相済

砲術師範之儀ニ付申上候書付

砲術師範いたし候もの名面并宿所弟子共人数御取調之儀御目付ゟ御達御座候ニ付有無可申上且手附手代之内同様師範いたし候もの有之候ハヽ是又可申上旨奉得其意候私儀本来砲術執心ニ而手代家来共江指南仕候得共是迄は他向ゟ弟子取仕候儀無之手附手代共之内師範仕候もの無御座候依之申上候以上

寅（天保十三年）
四月

江川太郎左衛門印

覚

壹　疋

右は攝津守家来森慶弥、松山大吾、関隆蔵、近田源三郎豆州韮山江川太郎左衛門様御屋敷迄罷越候間書面之馬宿々無滞差出可給頼入致候以上

正月十四日

堀田攝津守内
大森　文平印

品川宿ゟ
韮山　迄
右宿々
問屋中

泊付左之通

十五日　十六日　十七日
戸塚　小田原　三島

猶以此先触韮山宿江川太郎左衛門様御屋敷迄御頼可給是又頼入致候以上

（これは天保十四年カ、東修請払帳参照）

覚

一西洋小筒貳拾四挺
但玉目八匁

御代官
江川太郎左衛門

右者従長崎表豆州韮山屋鋪江取寄候ニ付今切御関所無相違罷通候様御裏印可被下候以上

天保十四卯年二月

井上備前守居判 印判
岡本近江守居判 印判
戸川播摩守居判 印判
梶野土佐守居判 印判
跡部能登守居判 印判

水野越前守殿
土井大炊守殿
堀田備中守殿
真田信濃守殿

表書之西洋小筒貳拾四挺関所無相違可通候、断は本文省之候以
上

卯二月

東叡山江罷越候ニ付無加印
信　濃

病気ニ付無加印
備　中

大　炊印

越　前印

用紙駿河半切半紙折懸

江川太郎左衛門

真田信濃守殿家来
佐久間修理
松前志摩守家来
竹田　作郎
堀田攝津守殿家来
森　慶弥

右此度高島流砲術幕内立入差免申候依之及御通達置候以上

卯二月　（天保十四年）

下曽根金三郎　小野金三郎　秋元宰介　兼松繁蔵

右四人江壹通ツ、差出ス

春暖之砌御座候得共
大守様益御勇健被成御座目出度御儀奉存候、然者御家来友平栄
殿高島流砲術執心ニ付門入稽古修業被致度右ニ付韮山住居江可
被相越候間可然様指南可仕旨御使者を以御達之趣別段御書取之
趣とも承知仕候、然ル処右御門入之儀子細有之候付御断申候、
依之以使者申上候

右鳥居丹波守様江御使者口上書卯三月廿六日江戸江遣ス

（東修請払帳参照）

以切紙啓上仕候、然者異国大筒心掛候もの無数ニ付教示いたし
候もの有之候哉、且又私兼而心得候儀ニ付御用透見計出府之上
教示等仕候而も差支之儀無之哉之旨越前守殿御直土佐守殿江御
内沙汰有之、尤俄之御尋ニ付私江御尋無御座候得共御用透見計
出府仕候而も差支無之段御答被成候旨土佐守殿被仰聞候間、此
段心得ニ御達御座候様御同人被仰聞候段、先達而御達書之趣は
承知仕其砌御請申上置候処高島流砲術之儀江戸表ニ而は下曽根
金三郎心得罷在既昨年出府中同人之儀ニ付書面差出候儀も御座
候間右写相添為念此段申上置度如斯御座候以上

五月十日　　　　　　　　　江川太郎左衛門印

中島平四郎様

後藤一兵衛様

御家来一瀬大蔵殿并御在所表ニも御両人程高島流砲術御門入之
儀御使者を以御頼御座候処近頃太郎左衛門義推張指南も不仕候
得共折角之御頼ニも御座候間委細承知は被仕候併一体実用専一
ニ切磋仕候ニ付同流師範家之振合とは稽古之次第異候儀も御座
候間兼而被罷越候方ニも右之趣御心得被置候様被仕度為念此段
使者を以被申上候

四月　日　　　　　　　　江川太郎左衛門使者

（弘化五年カ、塾日記初見五年四月二十一日）

（以下は御用留抜書）

覚

一モルチール御筒台共
是は昨廿五日田村四郎兵衛方ニ而請取申候

一大小野戦筒貳挺御台諸道具共一式
是は右同日竹橋御鉄砲蔵ニ而玉薬方ゟ請取申候

右之通昨廿五日無滞請取手代相添豆州韮山屋鋪江差立申候依之
此段留守居之もの奉申上候

以上

寅　　　　　　　　　　江川太郎左衛門手附

六月廿六日　　　　　　　新見健三郎印

私屋鋪内鉄砲稽古場無之儀ニ付申上候書付

屋鋪内鉄砲角場願済ニ而取建有之候ハヽ願筋年月日并場所役名
性名（ママ）且当時稽古致し候有無共委細相認可差出旨御回状ヲ以御達
之趣承知仕候私江戸屋敷内鉄砲角場願済ニ而取建候之儀は無御
座尤譜代之者共江は　稽古為仕候得共他向之者江指南仕候儀は
当時同中ニ御座候依之此段申上候以上

寅

八月　　江川太郎左衛門印

（天保十三年）
九月廿三日

一此方様御儀今日昼時過より左の名前一同御供いたし

柏木　荘蔵
柴　達之助
雨宮一之助
山田　熊蔵
岡田　万蔵
松岡　来吉
岩倉　千吉
森田　貞吉
長沢　鋼吉
百合元昇蔵
斉藤新七郎
秋山　粂蔵
野田　長七
大原　俊七
野田弥兵衛

右拾五人被召連真田信濃守様へ被為入御同人屋敷御馬場ニ而
御流儀小筒備打いたし信濃守様御覧　此方様ハ勿論荘蔵以下
へ御膳御菓子被下候事

一信濃守様守（ママ）御家来佐久間修理外拾二人江岡田万蔵　岩倉千吉
加り都合拾五人ニ而□初右同様御覧被成候事

一此方様信濃守様御内談有之御持参之馬上砲野戦筒等御覧之上
此方様ニは今夜五半時頃　御帰宅之事

一佐久間修理夜ニ入今日信濃守様へ被為入候御礼として罷越候
事

一土井大炊頭様御家来鷹見十郎右衛門罷越御逢有之且御同人様
御家来玉置左津右衛門義砲術執心ニ付御門入被仰付度旨相願
御承知之事

一井狩正作義ニ付兼松繁蔵罷出御逢有之候事

（天保十二年）
九月廿五日

一砲術稽古出席帳名前之者共一同罷出稽古いたし候事
一御出韮前に付稽古は今日切之積一同江申渡尤来月二日ゟ以来
二七日之日稽古日之積申通し候事
一伊賀者組頭飯塚伴右衛門江荘蔵より来ル廿七日ニは別段御達
被申候義も有之候間御一同可罷出旨申通候事

高島流砲術史料

韮山塾日記

終

高島流砲術史料
韮山塾日記
昭和　年　月　日　印刷
昭和　年　月　日　発行
編著　石井岩夫
静岡県田方郡韮山町南條
発行　韮山町役場
印刷所　緑プリント
静岡県沼津市西熊堂寿町九一一の二

高島流砲術史料

韮山塾日記（復刻版）

平成三十年四月三十日発行

編集・発行　特定非営利活動法人伊豆学研究会
〒四一〇−二三二五
静岡県伊豆の国市田京二六四−三八
ショッピングプラザ内
電　話〇五五八−七六−五〇八八
（いちごすてーしょん）
E-mail izu15station@road.ocn.ne.jp
H.P.「伊豆を知的に楽しむサイト」検索

出　版　㈲長倉書店
〒四一〇−二四〇七
静岡県伊豆市柏久保五五二−四
電　話〇五五八−七二−〇七一三
ＦＡＸ〇五五八−七二−五〇四八

印　刷　いさぶや印刷工業株式会社
〒四一〇−二三二二
静岡県伊豆の国市吉田三六一−二

ISBN978-4-88850-058-6　C0021　¥2500E